要説 更生保護

〔第 3 版〕

辰野 文理 著

成文堂

はしがき

　犯罪や非行を犯した人が再び社会生活を送ることは難しい。刑務所を出ても、頼ることのできる親族や知人がなく、仕事のあてもない状況の中では、自分一人の力だけで生活していくことは簡単ではない。思うように生活が安定しないままに、再犯に陥ってしまうことにもなりかねない。こうした人たちが社会で生活していくことを着実にするためには、一定期間、専門機関の監督のもと、指導を受けたり援助を受けることが必要となる。

　そのために現在おこなわれているのが、仮釈放と保護観察である。仮釈放は、反省や更生の意欲が見られる人を対象に、刑期が終わる前に刑務所から仮に釈放される制度であり、保護観察は、仮釈放になった人や刑の執行を猶予された人などが一般の社会の中で生活を送りながら必要な指導や支援を受ける制度である。

　本書は、こうした保護観察や仮釈放の仕組みを中心に、更生緊急保護、犯罪予防活動などの更生保護諸制度や医療観察について取り上げて概説するものである。第2版の出版後2年が経ち、刑の一部執行猶予の運用開始などの変化がみられることから、今般、それらを加筆し第3版とした。

　更生保護の活動は、社会の諸状況と関連することから、単独での取り組みには限界がある。そこで、近年、社会福祉との連携が進み、社会福祉士や精神保健福祉士のかかわりが増えている。

　広義の犯罪学や刑事政策の一領域としての更生保護を理解するための一助として、また、福祉関係の資格試験に向け、更生保護制度の概要を知るための教材として活用していただければ幸いである。

　2018年3月

　　　　　　　　　　　　　　　　　　　　　　　　　　　　筆　者

iii

目　次

はしがき ……………………………………………………………… i

第1章　更生保護制度の概要 …………………………………… 1

1）更生保護とは ………………………………………………… 1

2）更生保護制度の歴史 ………………………………………… 2

3）更生保護の機関 ……………………………………………… 4

4）刑事司法・少年司法と更生保護 …………………………… 5

第2章　保護観察制度の概要 …………………………………… 9

1）保護観察とは ………………………………………………… 9

2）保護観察の対象および保護観察の期間 …………………… 9

第3章　保護観察の方法 ………………………………………… 15

1）保護観察の実施方法 ………………………………………… 15

2）遵守事項 ……………………………………………………… 18

3）生活行動指針 ………………………………………………… 21

4）応急の救護 …………………………………………………… 22

5）保護者に対する措置 ………………………………………… 22

6）その他の保護観察実施上の諸施策 ………………………… 22

第4章　仮釈放等の手続、生活環境の調整 ………………… 26

1）仮釈放等の種類 ……………………………………………… 26

2）仮釈放 ………………………………………………………… 27

3）少年院からの仮退院 ………………………………………… 33

iv

4）婦人補導院からの仮退院 ……………………………………………… 34

5）生活環境の調整 ……………………………………………………… 34

第5章　保護観察の実施状況と良好・不良措置 ……………… 37

1）保護観察対象者の動向 ……………………………………………… 37

2）保護観察対象者の特性 ……………………………………………… 40

3）良好措置、不良措置 ………………………………………………… 42

4）保護観察の終了状況 ………………………………………………… 47

5）保護観察における良好措置、不良措置の概略 ………………… 48

第6章　更生緊急保護 ………………………………………………… 49

1）更生緊急保護 ………………………………………………………… 49

2）応急の救護 …………………………………………………………… 53

第7章　更生保護施設 ………………………………………………… 54

1）更生保護施設の概要 ………………………………………………… 54

2）更生保護施設への委託 ……………………………………………… 56

3）更生保護施設における処遇 ………………………………………… 57

4）更生保護施設における近年の取組 ………………………………… 58

第8章　更生保護制度の従事者と民間協力者 ………………… 60

1）保護観察官 …………………………………………………………… 60

2）保護司 ………………………………………………………………… 61

3）社会復帰調整官 ……………………………………………………… 64

4）更生保護施設等 ……………………………………………………… 64

5）民間協力者 …………………………………………………………… 65

第9章　犯罪被害者等施策 ……………………………………… 68

1）犯罪被害者等基本法および犯罪被害者等基本計画 ……………… 68
2）更生保護における犯罪被害者等施策 ………………………………… 69
3）実施態勢 ……………………………………………………………………… 72

第10章　犯罪予防活動 ………………………………………………… 73

1）更生保護における犯罪予防の方法 …………………………………… 73
2）「社会を明るくする運動」 ………………………………………………… 74

第11章　医療観察制度 ………………………………………………… 76

1）医療観察制度の概要 ………………………………………………………… 76
2）地域社会における処遇 …………………………………………………… 81
3）社会復帰調整官 …………………………………………………………… 85

第12章　関係機関・団体との連携 ……………………………… 86

1）児童相談所 …………………………………………………………………… 86
2）家庭裁判所 …………………………………………………………………… 87
3）少年鑑別所 …………………………………………………………………… 90
4）少年院 ………………………………………………………………………… 91
5）検察庁 ………………………………………………………………………… 93
6）裁判所 ………………………………………………………………………… 93
7）刑務所 ………………………………………………………………………… 94
8）婦人補導院 …………………………………………………………………… 95
9）その他 ………………………………………………………………………… 95

第13章　更生保護の課題と展望 …………………………………96

　　1）近年の動向（更生保護法成立まで）………………………………96

　　2）更生保護における最近の動きと展望 ………………………………98

参考文献 ……………………………………………………………………108

資　料 ………………………………………………………………………110

参　考 ………………………………………………………………………112

索　引 ………………………………………………………………………114

第 1 章

更生保護制度の概要

> 更生保護の目的は何か
> 刑事司法制度の中で更生保護にはどのような役割があるか

1）更生保護とは

　更生保護は、犯罪をした人や非行のある少年を社会の中で適切に処遇することにより、その再犯を防ぎ、非行をなくし、これらの人たちが自立し改善更生することを助けることで、社会を保護し、個人と公共の福祉を増進しようとする仕事全体をさす言葉である。

　更生保護の制度として、「保護観察」を中心に、仮釈放、生活環境調整、更生緊急保護、犯罪予防活動、恩赦（注）、医療観察がある。
　この制度の目的は、犯罪者や非行のある少年の再犯・再非行を防ぎ、社会復帰を支援することにある。さらに、犯罪者を生み出さない社会作りを目標としている（更生保護法1条参照）。

> 更生保護法1条
> 　この法律は、犯罪をした者及び非行のある少年に対し、社会内において適切な処遇をおこなうことにより、再び犯罪をすることを防ぎ、又はその非行をなくし、これらの者が善良な社会の一員として自立し、改善更生すること

2

を助けるとともに、恩赦の適正な運用を図るほか、犯罪予防の活動の促進等を行い、もって、社会を保護し、個人及び公共の福祉を増進することを目的とする。

注　裁判によらないで、刑罰権を消滅させたり、裁判の内容や効力を変更・消滅させたりする制度。大赦、特赦、減刑、刑の執行の免除および復権の5種類がある。2016（平成28）年に恩赦となった者は、刑の執行の免除が5人、復権が24人であった（保護統計年報による）。

２）更生保護制度の歴史

(1)　江戸時代

1790年に、江戸石川島に「人足寄場」が創設された。

人足寄場は、老中松平定信が火付盗賊 改 方長谷川平蔵の進言により設けた刑余者の授産施設であり、江戸近郊の無宿人などを収容し、職業訓練を受けさせた。これが、わが国において最初に行われた犯罪前歴者の更生を助ける公的な施策であるとされる。

(2)　明治時代

近代的な更生保護思想の源流は、明治21年に金原明善、川村矯一郎を中心とした慈善篤志家の有志が、監獄教誨と免囚（監獄からの釈放者）保護を目的として設立した「静岡県出獄人保護会社」にあるとされる。

(3)　第二次世界大戦後

昭和24年に「犯罪者予防更生法」が、翌25年には「更生緊急保護法」と「保護司法」が、29年には「執行猶予者保護観察法」が制定され、この時期に現在の更生保護制度の基本的な枠組みが作られた。「更生保護」という語は、犯罪者予防更生法において初めて用いられた。

その後、1995（平成7）年に「更生保護事業法」が制定されたり、1998（平成10）年に「保護司法」が改正されたりするなど、関係法令の制定・改正等がなされた。

(4) 更生保護法の制定

ところが、2005（平成17）年に愛知県安城市で発生した仮出獄者による乳児殺人事件などが契機となり、制度全般の検討・見直しをおこなうために、同年7月に民間の有識者からなる「更生保護のあり方を考える有識者会議」が立ち上げられた。翌2006年6月の最終報告では、更生保護制度の問題の所在として以下の指摘があった。

1 更生保護の運用についての国民や地域社会の理解が不十分
2 民間に依存した脆弱な保護観察実施体制
3 指導監督・補導援護の両面で充分に機能していない保護観察

こうした提言に基づいて、法改正の作業が進められ、2007（平成19）年6月、「更生保護法（平成19年法律第88号）」が成立し、翌2008年6月1日から施行された。

更生保護法は、それまで更生保護制度の根幹をなしていた「犯罪者予防更生法」と「執行猶予者保護観察法」を整理・統合し、更生保護の新たな基本法となるものであり、更生保護の機能の充実強化を図ることを目的として、60年ぶりに制度の枠組みを再構築したものである。これに伴い、犯罪者予防更生法および執行猶予者保護観察法は廃止された。

更生保護法の特徴として、保護観察を充実・強化するための遵守事項の整理および充実、社会復帰のための生活環境の調整の充実、特別遵守事項に基づく専門的処遇プログラム受講の義務化があげられる。

さらに、2013（平成25）年の刑法の一部改正によって、懲役・禁錮の刑期を分割し、一定期間受刑させた上で残りの刑期の執行を猶予する「刑の一部執行猶予制度」が導入され（刑法27条の2以下）、2016（平成28）年6月から

法務省の外観
赤れんが棟背後の高層庁舎（左）に保護局、東京保護観察所が入る。

施行された。同制度の導入を踏まえ、更生保護法を改正し、特別遵守事項の設定・変更手続や、生活環境の調整に関する規定が整備された（刑の一部執行猶予制度については、13章2）(6)参照）。

3）更生保護の機関

更生保護行政を司る国の機関は、以下のとおりである。

① 法務省保護局

仮釈放、保護観察、恩赦、犯罪予防活動および精神保健観察に関する企画、立案などの事務をおこなう。

② 地方更生保護委員会

高等裁判所の管轄区域に対応し、北海道（札幌市）、東北（仙台市）、関東（さいたま市）、中部（名古屋市）、近畿（大阪市）、中国（広島市）、四国（高松市）、九州（福岡市）の全国8か所に設置されている。

委員会は、その規模に応じて3人から15人の委員で組織され、仮釈放・仮退院の許否、仮釈放の取消し、不定期刑の終了、少年院への戻し収容の申請などの決定を3人の合議でおこなう。委員会には、事務局が置かれ、保護観察官が配置される。

③ 保護観察所

地方裁判所の管轄区域ごとに全国50か所に設置され、本庁のほか、支部や駐在官事務所がある。保護観察所には、企画調整課、処遇部門（保護観察官の配置）、社会復帰調整官が置かれ、保護観察の実施、矯正施設[注]収容者などの生活環境の調整、更生緊急保護の実施、恩赦の上申、犯罪予防活動のための世論の啓発、医療観察制度に基づく処遇などをおこなっている。

注 刑務所、少年刑務所、拘置所、少年院、少年鑑別所および婦人補導院をさす。このうち、刑務所、少年刑務所、拘置所を刑事施設という。

④ 中央更生保護審査会

法務省本省に設置され、委員長と委員4人で構成される。地方更生保護委員会の決定について審査をおこなったり、法務大臣に恩赦の実施について上申したりする。

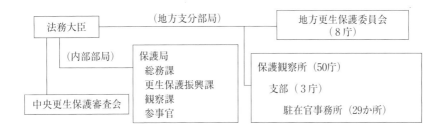

4）刑事司法・少年司法と更生保護

犯罪や非行を犯した者に対する刑事司法機関の対応について、成人の場合と少年の場合とに分けてその手続の流れをみる。

ここで「少年」とは、20歳に満たない者をいい、「成人」とは、満20歳以上の者をいう（少年法2条参照）。

(1) 刑事司法における犯罪者（成人）に対する手続の流れ

一般に、警察→検察→裁判所→刑務所→保護観察所の流れがあるが、すべての犯罪者がすべての機関を経るわけではない。

犯罪者（成人）に対する手続の流れは、下図のとおりである。

警察等が検挙した事件は、微罪処分の対象となった者や交通反則通告制度に基づく反則金の納付があった道路交通法違反を除き、全て検察官に送致される。

検察官は、送致された事件について捜査を行うほか、必要に応じて自ら事

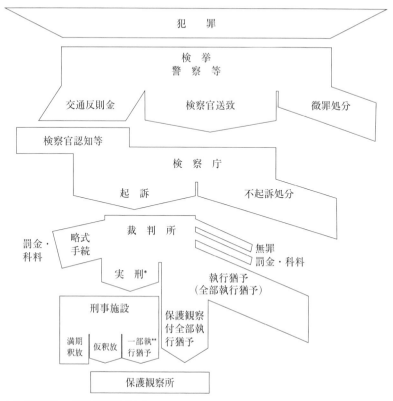

* 全部実刑と一部執行猶予がある。
** 一部執行猶予のうち、保護観察付一部執行猶予を示す。

件を認知し、または告訴・告発を受けて捜査を行い、起訴・不起訴を決める。

起訴された事件について、裁判所の手続により有罪と認定されたときは、死刑、懲役、禁錮、罰金、拘留または科料の刑が言い渡される。懲役、禁錮および拘留は、刑事施設において執行される。

刑事施設の受刑者は、刑期の満了前に仮釈放が許されることがあり、仮釈

放者は、仮釈放の期間中、保護観察に付される。

　保護観察付全部執行猶予者は、執行猶予の期間中、保護観察に付される。

　また、2016年6月に開始された刑の一部執行猶予制度では、薬物使用等の罪を犯した者で受刑歴がある者は、執行猶予の期間中、保護観察に付される。一方、初入者等であっても、裁判所の裁量により、執行猶予の期間中、保護観察に付されることがある。

　なお、図中、婦人補導院送致を省略している。

⑵　刑事司法における非行少年に対する手続の流れ

　非行少年（女子も含む）に対する手続の流れは、次頁図のとおりである。（より詳細な流れについて12章2）参照）

　少年法3条1項では、家庭裁判所の審判に付される少年として、次の三つが規定されている。

①　犯罪少年

　14歳（刑事責任年齢）以上20歳未満の罪を犯した少年

②　触法少年

　14歳未満で、刑罰法令に触れる行為をしたが、刑事責任年齢に達しないため刑法上の責任を問われない少年

参考：刑法41条（責任年齢）14歳に満たない者の行為は、罰しない。

③　ぐ犯少年

　保護者の正当な監督に服しない性癖、正当な理由がなく家庭に寄り付かないこと、不良な者との交際、自己又は他人の徳性を害する行為をする性癖のあることなどの事由があって、性格・環境に照らして、将来、罪を犯し、または刑罰法令に触れる行為をするおそれのある（20歳未満の）少年

　このうち、「犯罪少年」の事件すべてを家庭裁判所に送致することが原則となっている（全件送致主義）。

　一方、14歳に満たない者については、都道府県知事または児童相談所長から送致を受けたときに限り、家庭裁判所は、これを審判に付することができ

る（児童福祉機関先議主義）。

　家庭裁判所では、少年の生育歴や生活環境などを調査し、少年の処遇を決定する。

　調査の結果、審判が開始され、審判で保護処分決定が言い渡される場合には、「保護観察」、「児童自立支援施設・児童養護施設送致」、「少年院送致」のいずれかが選択される。

　保護観察処分の場合、家庭裁判所が処分の決定をした日から保護観察が開始される。

　少年院送致の場合、少年院に収容され、その後、収容期間の満了前に仮退院が許されたときは、仮退院後、保護観察に付される。

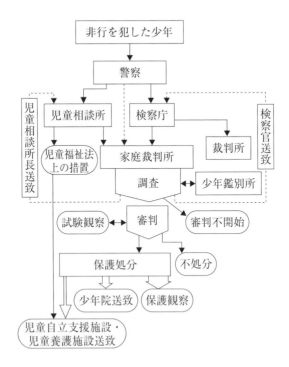

第2章

保護観察制度の概要

> 保護観察の対象には、どのような種類があるか
> それぞれの保護観察期間はいつからいつまでか

1) 保護観察とは

　保護観察は、保護観察対象者の再犯を防ぎ、非行をなくし、その改善更生を図ることを目的として、保護観察官と保護司が協働（きょうどう）して「指導監督（しどうかんとく）」と「補導援護（ほどうえんご）」をおこなうことにより実施される。（保護観察の方法については3章を、保護観察官、保護司については8章を参照）

2) 保護観察の対象および保護観察の期間

　保護観察に付されるのは、保護観察処分少年、少年院仮退院者、仮釈放者、保護観察付執行猶予者、婦人補導院仮退院者の5種類である（更生保護法48条、売春防止法26条1項）。実務上、それぞれを1号観察～5号観察と呼ぶことがある。

　保護観察の対象及び期間は、下表のとおりである。

種　別	保護観察の対象となる者	保護観察の期間
保護観察処分少年（1号観察）	家庭裁判所の決定により、保護観察に付された少年	保護処分言渡しの日から20歳に達するまでの期間又は2年間のいずれか長い期間。ただし、例外的に23歳まで。

少年院 仮退院者 （2号観察）	地方更生保護委員会の決定により、少年院からの仮退院を許された少年	仮退院の日から20歳に達するまでの期間。ただし、例外的に26歳まで。
仮釈放者 （3号観察）	地方更生保護委員会の決定により、刑事施設からの仮釈放を許された者	仮釈放の日から残刑期間が満了するまでの期間。
保護観察付 執行猶予者 （4号観察）	裁判所の判決により刑の執行を猶予され、保護観察に付された者	全部猶予者は、判決が確定した日から刑の執行猶予期間が満了するまでの期間。一部猶予者は、刑の執行猶予の期間の開始の日から満了する日までの期間。
婦人補導院 仮退院者 （5号観察）	地方更生保護委員会の決定により、婦人補導院からの仮退院を許された者	仮退院の日から補導処分の残期間満了までの期間。

(1) 保護観察処分少年（1号観察）

　家庭裁判所の決定により、保護観察に付された少年。その保護観察の期間は、家庭裁判所による保護処分決定の日から開始され、原則として20歳に達するまでの期間（その期間が2年に満たない場合には、2年間）である。例外的に23歳を超えない期間内[注]。

	17歳	保護観察期間	20歳
例1	------------		

	19歳	保護観察期間	21歳
例2	------------		

　ただし、保護観察による指導等が必要なくなれば終了（良好措置）することから、実際に保護観察が行われる期間は、短くなる場合が多い。

　なお、1号観察には、短期保護観察や交通短期保護観察とよばれるものもある。

　・短期保護観察（1994（平成6）年9月から実施）

　　　非行性が進んでいない、短期間の保護観察で改善更生が期待できる

者。家庭裁判所からの処遇勧告による。保護観察の実施期間は、おおむね6か月以上7か月以内。

・交通短期保護観察（1977（昭和52）年4月から実施）

　一般非行性がなく、交通関係の非行性が固定化していない者。期間内に2回程度の「集団処遇」を受ける。家庭裁判所の処遇勧告による。保護観察の実施期間は、原則として3か月以上4か月以内。

　注　20歳以上の保護観察処分少年に対し、家庭裁判所への通告により（再度）保護観察処分を受けた場合は、家庭裁判所は、23歳を超えない期間内で保護観察の期間を定めなければならない。

(2)　少年院仮退院者（2号観察）

地方更生保護委員会の決定により、少年院からの仮退院を許された少年。保護観察の期間は、少年院を仮退院によって釈放された日から仮退院の期間が満了するまでであり、通常は、20歳に達するまで。

なお、少年院在院者が20歳を超えて収容を継続された場合など、26歳を超えない範囲で例外が認められている。

例　　　　16歳　　　17歳　　保護観察期間　20歳
　　　　　　　少年院（仮退院）

(3)　仮釈放者（3号観察）

地方更生保護委員会の決定により、刑務所、少年刑務所などの刑事施設からの仮釈放を許された者。仮釈放の期間が保護観察期間となる。無期刑仮釈放者は、恩赦によらない限り、終身、保護観察が継続する。ただし、少年のとき無期刑の言渡しを受けた者は、仮釈放後10年を経過するまでの期間。

例　懲役3年の場合

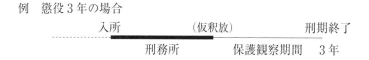

12

⑷ 保護観察付執行猶予者（4号観察）

裁判所の判決により、刑の全部または一部の執行を猶予され、保護観察に付された者。保護観察の期間は、保護観察付全部猶予者は判決が確定した日から、保護観察付一部猶予者は実刑期間が満了した日から、執行猶予期間が満了する日まで。

なお、本書では、刑の全部執行猶予期間中に保護観察に付された者と、刑の一部執行猶予期間中に保護観察に付された者を総称して「保護観察付執行猶予者」と呼び、両者を区別するときは、（保護観察付）「全部猶予者」、「一部猶予者」としている。

全部猶予者の例：懲役3年執行猶予5年の場合

	執行猶予期間	執行猶予期間満了
刑の確定	保護観察期間	5年

一部猶予者の例：懲役3年、うち1年につき3年間の執行猶予の場合

	2年		3年	
入所	（実刑部分）	釈放*	執行猶予期間	執行猶予期間満了
	刑務所	保護観察期間*		（3年）

* 実刑部分において仮釈放を許された場合は、仮釈放中の保護観察が終了した後、一部猶予期間中の保護観察が開始される。

補足 刑の執行を全部猶予され、取り消されることなくその猶予の期間を経過したときは、刑の言渡しは、効力を失う（刑法27条）。刑の一部の執行猶予の言渡しを取り消されることなくその猶予の期間を経過したときは、その懲役又は禁錮を執行が猶予されなかった部分の期間（実刑部分）を刑期とする懲役又は禁錮に減軽する。この場合、実刑部分の執行を終わった日又はその執行を受けることがなくなった日に刑の執行を受け終わったものとする（刑法27条の7）。

⑸ 婦人補導院仮退院者（5号観察）

地方更生保護委員会の決定により、婦人補導院からの仮退院を許された者（売春防止法26条1項 仮退院を許された者は、補導処分の残期間中、保護観察に付する）。保護観察の期間は、補導処分の期間である6か月（売春防止法18

第2章　保護観察制度の概要　　13

条）から婦人補導院在院期間を除いた残期間。

　　例　補導処分の期間満了前に、仮退院が認められた場合

　　　　　　　　　　　　6か月

　　　　　　　　　　　　（仮退院）

　　　　　　　　婦人補導院　　　保護観察期間

保護観察事件の流れの概略は、下図のとおりである。

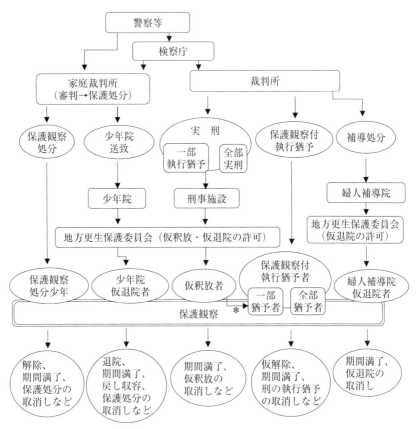

注1 『更生保護便覧'14』（日本更生保護協会、2014）等を参考に作成。
 2 保護観察付一部猶予者が仮釈放を許された場合は、仮釈放中の保護観察が終了した後、一部猶予期間中の保護観察が開始される（＊部分）。

第3章

保護観察の方法

> 保護観察は、どのような方法で行われるのか
> 遵守事項とは何か
> 保護観察実施上の施策としてどのようなものがあるか

1）保護観察の実施方法

　保護観察を実施する機関は、全国にある保護観察所である。

　保護観察は、保護観察対象者の改善更生を図ることを目的として、その者に通常の社会生活を営ませながら、一定の遵守事項と呼ばれる約束事を守ることを義務づけ、保護観察官と保護司が協働して、指導監督と補導援護をおこなうことで実施される。

更生保護法3条（運用の基準）
　犯罪をした者又は非行のある少年に対してこの法律の規定によりとる措置は、当該措置を受ける者の性格、年齢、経歴、心身の状況、家庭環境、交友関係等を十分に考慮して、その者に最もふさわしい方法により、その改善更生のために必要かつ相当な限度において行うものとする。

更生保護法49条（保護観察の実施方法）
　保護観察は、保護観察対象者の改善更生を図ることを目的として、第57条に規定する指導監督及び第58条に規定する補導援護を行うことにより実施するものとする。
　2　保護観察処分少年又は少年院仮退院者に対する保護観察は、保護処分の趣旨を踏まえ、その者の健全な育成を期して実施しなければならない。

16

> 更生保護法61条（保護観察の実施者）
> 　保護観察における指導監督及び補導援護は、保護観察対象者の特性、とるべき措置の内容その他の事情を勘案し、保護観察官又は保護司をして行わせるものとする。

(1)　保護観察官と保護司の協働

　保護観察所の長は、保護観察を担当する保護観察官を指名し、その者に保護観察の実施計画の作成、「指導監督」、「補導援護」をおこなわせる。

　必要がある場合は、保護観察官と協働して指導監督および補導援護をおこなう保護司を指名する。

　通常、保護観察は、一人の保護観察対象者に対し、その対象者が居住する地区を担当する保護観察官（主任官）と、指名を受けた保護司（担当保護司）がともに担当する協働態勢により実施される[注]。

　具体例として、保護観察処分少年の場合をみると、まず、帰住地域を担当する保護観察官が、保護観察所において初回の面接をし、保護観察の説明、遵守事項の設定・誓約、担当保護司の指名等をおこない、「保護観察事件調査票」と「保護観察の実施計画」を作成する。

　担当保護司は、その後の面接などの日常的な接触をおこない、毎月、その経過を「保護観察経過報告書」により報告する。

　保護観察対象者の再犯、遵守事項違反その他危機場面が発生した場合は、保護観察官がその調整および措置をとる。

　注　処遇に特段の配慮を要する事案は、保護司を指名せずに保護観察官が直接処遇をおこなう。また、事案に応じて、複数の保護観察官または保護司が担当する場合もある。

(2)　指導監督の方法

　保護観察における指導監督は、次の方法によっておこなわれる（更生保護法57条1項）。

①　面接その他の適当な方法により保護観察対象者と接触を保ち、その行状

を把握する。

② 保護観察対象者が一般遵守事項および特別遵守事項を遵守し、生活行動指針に即して生活し、行動するよう、必要な指示その他の措置をとる。

③ 特定の犯罪的傾向を改善するための専門的処遇を実施する。

なお、保護観察所の長は、前項の指導監督を適切におこなうため特に必要があると認めるときは、保護観察対象者に対し、当該指導監督に適した宿泊場所を供与することができる（同条2項）。

(3) 補導援護の方法

保護観察における補導援護は、保護観察対象者が自立した生活を営むことができるようにするため、その自助の責任[注]を踏まえつつ、次の方法によっておこなわれる（更生保護法58条）。

① 適切な住居その他の宿泊場所を得ることおよび当該宿泊場所に帰住することを助けること。

② 医療および療養を受けることを助けること。

③ 職業を補導し、および就職を助けること。

④ 教養訓練の手段を得ることを助けること。

⑤ 生活環境を改善し、および調整すること。

⑥ 社会生活に適応させるために必要な生活指導をおこなうこと。

⑦ そのほか、保護観察対象者が健全な社会生活を営むために必要な助言その他の措置をとること。

注 人間には、だれにでも、生まれつき、自ら成長し、発展と適応へ向かう欲求と能力とが備わっており、保護観察対象者においてもこれを具現化する責任を負っているという原則。

保護観察の方法

指導監督（更生保護法57条）…権力的・監督的な側面

補導援護（更生保護法58条）…援助的・福祉的な側面

2）遵守事項

遵守事項には、すべての保護観察対象者が遵守しなければならない「一般遵守事項」と、対象者ごとに定められる「特別遵守事項」がある。保護観察対象者は、一般遵守事項を遵守し、特別遵守事項が定められたときはこれを遵守しなければならない。

遵守事項は、保護観察対象者にとって、保護観察期間中、守らなければならない行為規範であるとともに、指導監督する際の中核となる事項である。遵守事項（一般遵守事項、特別遵守事項のいずれにおいても）に違反した場合、少年院への戻し収容、執行猶予の取消し、仮釈放の取消し、少年院等への送致などの措置がとられることがある。そのため、特別遵守事項を定める場合は、規範として明確なものを定めることが求められる。

遵守事項は、その内容を記載した書面の交付によって通知することとされ（更生保護法54条、55条）、通知の際には、遵守事項を遵守することの重要性についての自覚を促すため、これを遵守する旨の誓約を求める[注]。

> 注　ただし、保護観察対象者による誓約や同意は遵守事項の効力発生の要件とされていないことから、保護観察対象者が誓約を拒否したとしても、遵守事項の効力には影響がない。

(1) 一般遵守事項

一般遵守事項は、すべての保護観察対象者が遵守すべき事項であって、次の①〜⑤がある（更生保護法50条）。

① 再び犯罪をすることがないよう、または非行をなくすよう健全な生活態度を保持すること。

② 次に掲げる事項を守り、保護観察官および保護司による指導監督を誠実に受けること。

　イ　保護観察官または保護司の呼出しまたは訪問を受けたときは、これに応じ、面接を受けること。

　ロ　保護観察官または保護司から、労働または通学の状況、収入または支

出の状況、家庭環境、交友関係その他の生活の実態を示す事実であって指導監督をおこなうため把握すべきものを明らかにするよう求められたときは、これに応じ、その事実を申告し、またはこれに関する資料を提示すること。

③　保護観察に付されたときは、速やかに、住居を定め、その地を管轄する保護観察所の長にその届出をすること[注]。

④　前号の届出に係る住居に居住すること。

⑤　転居又は7日以上の旅行をするときは、あらかじめ、保護観察所の長の許可を受けること。

注　保護観察付一部猶予者が仮釈放中の保護観察に引き続き保護観察に付されたときは、仮釈放中の保護観察の終了時に居住することとされていた住居について、住居の届出をしたものとみなされる。

(2)　特別遵守事項

特別遵守事項は、一般遵守事項のほか、個々の保護観察対象者の問題性に応じて定められる事項であり、次の①〜⑦に掲げる各類型に該当する事項について、保護観察対象者の改善更生のために特に必要と認められる範囲内において、保護観察対象者ごとに具体的に定められる（更生保護法51条2項）。

①　犯罪性のある者との交際、いかがわしい場所への出入り、遊興による浪費、過度の飲酒その他の犯罪または非行に結び付くおそれのある特定の行動をしてはならないこと。

②　労働に従事すること、通学することその他の再び犯罪をすることがなくまたは非行のない健全な生活態度を保持するために必要と認められる特定の行動を実行し、または継続すること。

③　7日未満の旅行、離職、身分関係の異動その他の指導監督をおこなうため事前に把握しておくことが特に重要と認められる生活上または身分上の特定の事項について、緊急の場合を除き、あらかじめ、保護観察官または保護司に申告すること。

④ 医学、心理学、教育学、社会学その他の専門的知識に基づく特定の犯罪的傾向を改善するための体系化された手順による処遇として法務大臣が定めるものを受けること。

⑤ 法務大臣が指定する施設、保護観察対象者を監護(かんご)すべき者の居宅その他の改善更生のために適当と認められる特定の場所であって、宿泊の用に供されるものに一定の期間宿泊して指導監督を受けること。

⑥ 善良な社会の一員としての意識の涵養(かんよう)および規範意識の向上に資する地域社会の利益の増進に寄与する社会的活動を一定の時間行うこと。

⑦ その他指導監督を行うため特に必要な事項

特別遵守事項の例

「家出や深夜はいかいをしないこと」

「暴力団の構成員および準構成員と付き合わないこと」

「本件の共犯者と接触したり連絡を取り合ったりしないこと」

「パチンコ店に出入りしないこと」

「競馬場、競輪場、競艇場などギャンブルが行われる場所に出入りしないこと」

「正当な理由のない欠席や遅刻、早退をすることなく、高等学校に通うこと」

「就職活動を行い、または仕事をすること」

「親元で仕事を続けること」

「指定された日に性犯罪者処遇プログラムを受けること」

「○○保護観察所に付設された宿泊施設に宿泊して保護観察官の指導監督を受けること」

「指定された社会貢献活動に○○時間参加すること」

「保護観察官又は保護司に定期的に電話で連絡を入れること」

---

(3) 特別遵守事項の設定、変更、取消し

特別遵守事項は、必要がなければ定めなくともよく、保護観察の開始後に設定したり変更したりすることが可能である。必要がなくなった特別遵守事項は取り消さなければならない。

特別遵守事項は、保護観察処分少年および保護観察付執行猶予者について

は、保護観察所の長が、処分を言い渡した裁判所の意見を聴いて定める。少年院仮退院者、仮釈放者、婦人補導院仮退院者については、地方更生保護委員会が定める。

特別遵守事項の設定・変更・取消し

保護観察処分少年	保護観察所の長が設定
保護観察付執行猶予者	
少年院仮退院者	地方更生保護委員会が設定
仮釈放者	
婦人補導院仮退院者	

遵守事項のまとめ

種　類	内　容	期間中の変更等	違　反
一般遵守事項	全員共通	付加、変更、取消はない	不良措置の要件になる
特別遵守事項	個　別	付加、変更、取消が可能	不良措置の要件になる

３）生活行動指針

　保護観察所の長は、保護観察対象者について、保護観察における指導監督を適切におこなうため必要があると認めるときは、当該保護観察対象者の改善更生に役立つと考えられる生活または行動の指針を定めることができる（更生保護法56条）。

　保護観察対象者は、生活行動指針が定められたときは、これに即して生活し、行動するよう努めなければならない。ただし、違反しても直接不良措置に結びつかない点が遵守事項と異なる。

　　生活行動指針の例　「規則正しい生活をすること」

　　　　　　　　　　　「友達を選び、よい友達をつくること」

　　　　　　　　　　　「何事も家族とよく相談すること」

4）応急の救護

　応急の救護は、保護観察対象者が、適切な医療、食事、住居その他の健全な社会生活を営むために必要な手段を得ることができないため、その改善更生が妨げられるおそれがある場合には、公共の衛生福祉に関する機関その他の機関からその目的の範囲内で必要な応急の救護を得られるよう援護する措置であり（更生保護法62条1項）、「補導援護」の一形態である。措置を受けられる期間は、保護観察期間中である。

　さらに、こうした救護が得られない場合は、保護観察所の長は、予算の範囲内で、自ら、あるいは、更生保護事業を営む者その他の適当な者に委託して、救護の措置をおこなうことができる（同条2項、3項）。

　例として、更生保護施設への食事付宿泊の委託がある。（応急の救護の実施状況については、6章2）参照）

　応急の救護の措置をとるにあたっては、保護観察対象者の自助の責任の自覚を損なわないよう配慮しなければならない。

5）保護者に対する措置

　保護観察所の長は、必要があると認めるときは、保護観察に付されている少年（保護観察処分少年または少年院仮退院者）の保護者に対し、その少年の監護に関する責任を自覚させ、その改善更生に資するため、指導、助言その他の適当な措置をとることができる（更生保護法59条）。

6）その他の保護観察実施上の諸施策

(1)　段階別処遇

　段階別処遇とは、保護観察対象者の処遇の難易に応じて、S・A・B・Cの4段階に編入し、問題性の深い保護観察対象者に対しては、保護観察官の関与の度合いや保護観察官・保護司との接触頻度等を高め、より重点的な処遇を実施する処遇施策である。

第3章　保護観察の方法　23

　段階別処遇は、短期保護観察対象者と交通短期保護観察対象者を除くすべ
ての保護観察対象者について実施される。

　保護観察の実施過程において、遵守事項の遵守状況や改善更生の進み具合
に即して、処遇段階の変更がなされる。

⑵　類型別処遇

　類型別処遇とは、保護観察対象者の問題性や特性を類型化して把握し、類
型ごとに共通する問題性等に焦点を当てた処遇を実施することにより、保護
観察の実効を高めることを目的とした処遇施策である（1990年に創設、2003
年に類型を拡大）。類型の区分および認定状況は次表のとおりである。

　類型ごとに対象者の特性や標準的な処遇のあり方等がマニュアルに示さ
れ、それを参考にした処遇が行われている。

　なお、類型別の対象は、短期保護観察および交通短期保護観察を除くすべ
ての保護観察対象者であり、複数の類型に該当する場合は、該当するすべて
の類型について認定する。

保護観察対象者の類型認定状況（2016年12月31日現在）

区　分	保護観察 処分少年	少年院 仮退院者	仮釈放者	保護観察付 執行猶予者
シンナー等乱用	14　(0.1)	13　(0.4)	13　(0.3)	37　(0.4)
覚せい剤事犯	40　(0.4)	86　(2.4)	1,568　(31.8)	1,457　(14.1)
問題飲酒	285　(2.5)	127　(3.5)	541　(11.0)	1,183　(11.4)
暴力団関係	21　(0.2)	10　(0.3)	64　(1.3)	105　(1.0)
暴走族	716　(6.3)	381　(10.4)	4　(0.1)	13　(0.1)
性犯罪等	680　(6.0)	259　(7.1)	322　(6.5)	1,310　(12.7)
精神障害等	583　(5.1)	439　(12.0)	487　(9.9)	1,468　(14.2)
高齢			537　(10.9)	788　(7.6)
中学生	630　(5.5)	48　(1.3)		

校内暴力	146 （1.3）	40 （1.1）		
無職等	1,107 （9.7）	1,001 （27.4）	1,676 （34.0）	1,964 （19.0）
家庭内暴力	152 （1.3）	94 （2.6）	47 （1.0）	394 （3.8）
児童虐待			17 （0.3）	93 （0.9）
配偶者暴力			23 （0.5）	196 （1.9）
ギャンブル等依存	57 （0.5）	110 （3.0）	658 （13.3）	557 （5.4）

注1　平成29年版犯罪白書による。
　2　複数の類型に認定されている者については、該当する全ての類型について計上している。
　3　（　）内は、類型が認定されていない者を含む総数に占める、各類型に認定された者の比率である。
　4　「児童虐待」及び「配偶者暴力」は、「家庭内暴力」の内数である。

(3)　専門的処遇プログラム

　保護観察所においては、特定の犯罪的傾向を有する保護観察対象者に対し、その傾向を改善するため、専門的処遇プログラムとして心理学等の専門的知識に基づき認知行動療法を理論的基盤として開発されたプログラムを実施している。

　2017（平成29）年現在、以下の4種類がある。

・性犯罪者処遇プログラム（2008年開始）

・薬物再乱用防止プログラム（従前の覚せい剤事犯者処遇プログラム〔2008年開始〕にかえて2016年6月から実施）

・暴力防止プログラム（2008年開始）

・飲酒運転防止プログラム（2010年開始）

　各専門的処遇プログラムにおいては、保護観察官との面接やワークブックなどを通じ、自己の問題性について考えさせたり、グループワークやロールプレイングなどの方法で犯罪に至らないための行動について学習したりする[注1]。

専門的処遇プログラムは、通常、保護観察対象者に対し特別遵守事項として受講が義務付けられており、強制力を伴う[注2]。

注1　「薬物再乱用防止プログラム」では、薬物の再乱用防止のための教育課程と併せて「簡易薬物検出検査（尿検査または唾液検査）」が実施される。

注2　専門的処遇プログラムによる処遇を受けることを特別遵守事項として義務付けることは、保護観察処分少年及び少年院仮退院者に対してはおこなっていない。ただし、その者の自発的意思等に基づいて、専門的処遇プログラムが実施されることがある。

専門的処遇プログラムによる処遇の開始人員（2009年～2016年）

	プログラムの種類	09年	10	11	12	13	14	15	16
仮釈放者	性犯罪者処遇プログラム	597	618	552	542	562	582	563	591
	薬物再乱用防止プログラム	947	968	926	928	977	913	926	971
	暴力防止プログラム	149	162	152	193	191	160	177	160
	飲酒運転防止プログラム	…	32	298	277	244	205	205	188
執行猶予者　保護観察付	性犯罪者処遇プログラム	295	292	298	291	340	318	338	348
	薬物再乱用防止プログラム	338	419	418	403	390	357	462	444
	暴力防止プログラム	100	112	107	96	117	124	152	114
	飲酒運転防止プログラム	…	38	126	121	110	113	104	103

注1　平成29年版犯罪白書による。

　2　「薬物再乱用防止プログラム」については、2016年5月までは、「覚せい剤事犯者処遇プログラム」による処遇の開始人員を計上している。

　3　「暴力防止プログラム」及び「飲酒運転防止プログラム」については、プログラムによる処遇を任意で受けた者を含む。

　4　「飲酒運転防止プログラム」は、2010年10月から実施している。

第4章

仮釈放等の手続、生活環境の調整

> 仮釈放等の手続はどのように行われるか
> 仮釈放等の判断基準はどのようなものか
> 生活環境の調整とは何か

1）仮釈放等の種類

仮釈放等とは、刑事施設、少年院または婦人補導院に収容されている者を収容期間の満了前に、地方更生保護委員会の決定をもって仮に釈放する制度であり、次の4種類がある。

仮釈放：懲役又は禁錮の刑の執行のため矯正施設に収容されている者の場合

少年院からの仮退院：保護処分の執行のため少年院に収容されている者の場合

婦人補導院からの仮退院：補導処分の執行のため婦人補導院に収容されている者の場合

仮出場：拘留の刑の執行のため刑事施設に収容されている者または労役場に留置されている者の場合。仮出場は、その期間中保護観察に付されることはなく、その取消しの制度もない。

本章では、仮釈放と仮退院を中心にみていく。

２）仮釈放

　矯正施設に収容されている者を、その期間満了前に仮に釈放すること。

　仮釈放を許された者は、釈放の日から期間満了の日までの間、保護観察に付され、遵守事項を遵守しなければならない。仮釈放中にさらに罪を犯し罰金以上の刑に処せられたときや遵守事項を遵守しなかったとき等には、仮釈放が取り消されて、再び刑事施設等に収容されることがある。

　⑴　仮釈放の意義

　仮釈放は、矯正施設に収容されている者に将来的な希望を与えてその改善更生の意欲を喚起させるとともに、仮釈放後は保護観察に付して必要な指導や援助をおこなうことにより、その再犯を防ぐとともに円滑な社会復帰の促進を図ろうとするものである。その目的として以下があるとされる（大塚仁ほか編『大コンメンタール刑法』第三版第１巻青林書院、2015年、712-713頁）。

①　本人の矯正施設内での行状に対する賞と位置づけ、矯正施設の秩序維持に役立たせる（恩恵）

②　仮釈放を一連の処遇における一つの段階ととらえ、個々の被収容者の向上に合わせて収容期間を調整し、刑罰の個別化を図る（刑罰の個別化）

③　条件や監督を付して釈放することで、社会を保護する（社会保護）

④　社会復帰に最適な時期を選んで釈放し、社会の中で実生活に入らせることにより社会適応を促進する（改善更生）

　⑵　仮釈放が許可になる基準

　仮釈放の要件は、刑法28条に規定される。

ア．法律上の規定

　刑法28条によれば、「懲役又は禁錮に処せられた者に改悛(かいしゅん)の状(じょう)があるときは、有期刑についてはその刑期の３分の１を、無期刑については10年を経過した後、行政官庁の処分によって仮に釈放することができる」とされる。この要件とされている期間を「法定期間(ほうていきかん)」という[注]。

　　注　少年時に刑の言渡しを受けた者についての法定期間は次のとおりである（少年法58

条)。

1 無期刑については7年（ただし、犯行時18歳未満であったことにより死刑をもっ
て処断すべきところを無期刑の言渡しを受けた者については10年）
2 不定期刑については、その刑の短期の3分の1の期間
3 犯行時18歳未満であったことにより無期刑をもって処断すべきところを有期刑の
言渡しを受けた者については、その刑期の3分の1の期間

イ．省令上の規定

この「改悛の状」について、社会内処遇規則[注]の28条に、仮釈放許可の
基準として、「仮釈放を許す処分は、懲役又は禁錮の刑の執行のため刑事施
設又は少年院に収容されている者について、悔悟の情及び改善更生の意欲
があり、再び犯罪をするおそれがなく、かつ、保護観察に付することが改善
更生のために相当であると認めるときにするものとする。ただし、社会の感
情がこれを是認すると認められないときは、この限りでない。」とある。

注 「犯罪をした者及び非行のある少年に対する社会内における処遇に関する規則（平
成20年法務省令28号）」の略称。

ウ．各要件の内容

これらの、①悔悟の情、②改善更生の意欲、③再び犯罪をするおそれ、④
保護観察に付することが改善更生のために相当、⑤社会の感情、について
は、それぞれ次のような事項を考慮して判断される。

① 悔悟の情

受刑者自身の発言や文章のみで判断しないこととされており、犯罪による
被害の実情や犯罪に至った自己の問題性を正しく認識し、悔いる気持ちが認
められること。

② 改善更生の意欲

被害者等に対する慰謝の措置の有無やその内容、その措置の計画や準備の
有無（被害者等へどのように償うべきかを認識し、償いをする気持ちがあるこ
と）、刑事施設における処遇への取組の状況、反則行為等の有無や内容、そ
の他の刑事施設での生活態度、釈放後の生活の計画の有無や内容などから、

過去の生活を改め健全な生活を送る気持ちが認められるかどうかを判断する。

③　再び犯罪をするおそれ

　性格や年齢、犯罪の罪質や動機、態様、社会に与えた影響、釈放後の生活環境などから判断する。

④　保護観察に付することが改善更生のために相当

　悔悟の情および改善更生の意欲があり、再び犯罪をするおそれがないと認められる者について、釈放後の生活計画などを考慮して総合的に判断する。

⑤　社会の感情

　被害者等の感情、収容期間、検察官等から表明されている意見などから判断する。

⑶　仮釈放の手続

　地方更生保護委員会は、矯正施設の長から、仮釈放等を許すべき旨の申し出を受けたとき、または必要があると認めるときは、仮釈放等を許すか否かに関する審理（仮釈放等審理）をおこなう。

　仮釈放等審理は、３人の委員^{注)}による合議体（ごうぎたい）によって行われる。合議体は、①委員に調査（審理の対象者との矯正施設での面接、関係資料の精査）をおこなわせ（更生保護法25条）、②その結果に基づき、委員３人が一堂に会する評議において許否を判断する。

　注　委員は一般職の国家公務員であり、総数は66人（うち９人は非常勤）である。

一般的な仮釈放の手続の流れ

矯正施設の長から身上調査書を受理　→　保護観察所による生活環境の調整　→　法定期間の経過　→　矯正施設の長から申請書を受理　→　地方更生保護委員会での仮釈放等審理（合議）　→　仮釈放を許す旨の決定　→　仮釈放（保護観察）

更生保護法39条（仮釈放及び仮出場を許す処分）
　刑法第28条の規定による仮釈放を許す処分及び同法第30条の規定による仮
出場を許す処分は、地方委員会の決定をもってするものとする。
2　地方委員会は、仮釈放又は仮出場を許す処分をするに当たっては、釈放
すべき日を定めなければならない。

　なお、地方更生保護委員会は、仮釈放等を許すべき旨の申出がない場合で
あっても、必要があると認めるときは、矯正施設の長の意見を聴取した上
で、仮釈放等の許否に関する審理を開始できることとされている（更生保護
法35条）。この場合、申出によらない審理を開始するか否かを判断するため
に必要があると認めるときは、審理対象となるべき者との面接や関係人に対
する質問等により調査を行わせることができる（同法36条）。

⑷　仮釈放率

　仮釈放率は次の式で定義される。

$$\text{仮釈放率（％）} = \frac{\text{仮釈放者数}}{\text{仮釈放者数＋満期釈放者数}} \times 100$$

　仮釈放率は、昭和35年以降、次第に下降していたが、法務省保護局は昭和
59年に「仮釈放の積極化」を打ち出し、その後、55〜57％台で推移してきた
（次頁図参照）。

　その後、2005（平成17）年以降は低下傾向にあったが、2011（平成23）年
以降は上昇し、2016（平成28）年は、満期釈放者9,649人（男9,055人、女594
人）、仮釈放者13,260人（男11,658人、女1,602人）、仮釈放率57.9％（男56.3％、
女73.0％）となっている。

出所受刑者数及び仮釈放率の推移

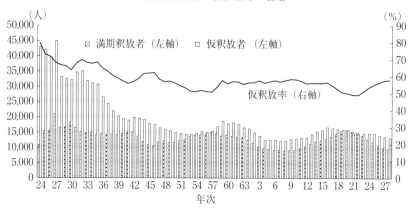

注　保護統計年報による。

(5) 刑の執行率および保護観察期間

2016（平成28）年の定期刑仮釈放許可人員の刑の執行率（矯正施設において執行済みの刑期の割合）をみると、8割以上の者が全体の81.1％である。

また、同年の仮釈放者の保護観察期間をみると、3か月以内である者が全体の約4割を占めている（次頁表参照）。

入所度数（刑務所の入所回数）別に保護観察期間3か月以内の者の割合を求めると、初度（初めて）では22.5％であるのに対し、2度以上では60.1％となっており、入所度数が複数回になると保護観察期間の短い者の割合が多くなる傾向にある。

仮釈放者の保護観察期間（2016（平成28）年）

	総　数	1月以内	2月以内	3月以内	6月以内	1年以内	1年を超える	無期
総　数 （構成比）	13,260 (100.0)	492 (3.7)	2,427 (18.3)	2,376 (17.9)	5,235 (39.5)	2,424 (18.3)	297 (2.2)	9 (0.1)
初　度	7,110	179	711	713	3,076	2,143	281	7
2　度	2,412	116	629	655	857	146	7	2
3　度	1,362	56	324	361	558	59	4	
4　度	860	35	229	231	335	30		
5　度	537	16	138	145	209	27	2	
6　度以上	971	90	395	269	198	17	2	
不　詳	8		1	2	2	2	1	

（入所度数）

注　保護統計年報による。

(6)　少年受刑者の仮釈放

　少年のとき懲役または禁錮の言渡しを受けた者については、無期刑の言渡しを受けた者は7年（ただし、犯行時18歳未満であったことにより死刑をもって処断すべきところを無期刑の言渡しを受けた者については10年）、犯行時18歳未満であったことにより無期刑をもって処断すべきところを有期刑の言渡しを受けた者はその刑期の3分の1の期間、不定期刑の言渡しを受けた者はその刑の短期の3分の1の期間をそれぞれ経過した後、仮釈放を許すことができるとされる（少年法58条）。

> 少年法52条（不定期刑）
> 　少年に対して有期の懲役又は禁錮をもって処断すべきときは、処断すべき刑の範囲内において、長期を定めるとともに、長期の2分の1（長期が10年を下回るときは、長期から5年を減じた期間。）を下回らない範囲内において短期を定めて、これを言い渡す。この場合において、長期は15年、短期は10年を超えることはできない。

第4章　仮釈放等の手続、生活環境の調整　　33

(7)　無期刑受刑者の仮釈放

　無期刑は、期間を定めずに拘禁することを内容とする刑であり、仮釈放が許されなければ、死亡するまで刑務所等の刑事施設で刑の執行を受けるものである。無期刑受刑者においても、仮釈放の要件が満たされれば仮釈放が許される場合がある（前記(2)参照）。

　無期刑で仮釈放となった者の平均受刑在所期間は、近年、30年を超えている（次表参照）。仮釈放が許された場合は、生涯、保護観察に付される[注]。

　注　恩赦（刑の執行の免除）により、保護観察が終了する場合がある。

無期刑仮釈放者の平均受刑在所期間（2003年〜2016年）

年次	2003	04	05	06	07	08	09	10	11	12	13	14	15	16
無期刑仮釈放者数（人）	13	1	10	3	1	4	6	7	3	6	8	6	9	7
平均受刑在所期間	23年5月	25年10月	27年2月	25年1月	31年10月	28年10月	30年2月	35年3月	35年2月	31年8月	31年2月	31年4月	31年6月	31年9月

注　法務省の資料による。

補足　法務省は、無期刑受刑者の仮釈放について検討をおこない、2009（平成21）年4月から、より慎重かつ適正な仮釈放審理を確保するために、「複数委員による面接、検察官に対する意見照会及び被害者等に対する面接等調査を特に支障のない限り必要的におこなう。」とし、仮釈放審理の透明性を更に向上させるための方策として、「無期刑受刑者について、刑の執行が開始された日から30年が経過したときは、1年以内に仮釈放審理を開始する。また、仮釈放審理の結果、仮釈放を許す旨の決定がされなかった無期刑受刑者については、その審理終結の日から10年経過後、1年以内に仮釈放審理を開始する。」としている。

3）少年院からの仮退院

　少年院からの仮退院については、地方更生保護委員会がその権限を有する。

　地方委員会は、「保護処分の執行のため少年院に収容されている者について、処遇の段階が最高段階に達し、仮に退院させることが改善更生のために相当であると認めるとき、その他仮に退院させることが改善更生のために特

に必要であると認めるときは、決定をもって、仮退院を許すものとする」と
される（更生保護法41条より）。

少年院における処遇の段階は、1級〜3級に区分されており、在院者は、
まず3級に編入され、その後、改善更生の状況等に応じて、上位の段階に移
行していく。

少年院からの仮退院については、刑務所からの仮釈放の場合のような収容
期間にかかる要件はない。

2016（平成28）年における少年院出院者（退院と仮退院の合計）は2,750人で
あり、うち2,743人（99.7％）が仮退院による。

仮退院を許された者は、仮退院の期間中、保護観察に付され、遵守事項を
遵守しなければならない。仮退院中に遵守事項違反が認められた場合は、再
び少年院に収容されることがある（少年院への戻し収容）。

4）婦人補導院からの仮退院

地方更生保護委員会は、補導処分に付された者について、相当と認めると
きは、仮退院を許すことができる（売春防止法25条）。

その基準について社会内処遇規則31条では、補導処分の執行のため婦人補
導院に収容されている者について、補導の成績が良好であり、かつ、保護観
察に付することが改善更生のために相当であると認めるときにするものとさ
れる。

5）生活環境の調整

「生活環境」とは、住居、家族、就業先、学校、地域等の対象者を取り巻
く状況をさす。犯罪をした者および非行のある少年の改善更生を図る上で、
その生活環境は重要な意味を持つ。

そこで、刑事施設に収容されている者などが釈放された後に、健全な生活
態度を保持し、自立した生活を営むことに必要となるものが確保でき、これ

第4章　仮釈放等の手続、生活環境の調整　　35

を妨げるもののない生活環境が備わるように、家族や関係者を訪問して協力を求めるなどして、釈放後の住居や就業先などの調整がおこなわれる。

⑴　収容中の者に対する生活環境の調整

　刑事施設に収容されている者などの仮釈放を許す前提として、「帰住地」と「引受人」の確保を中心とした生活環境の調整が必要となる。帰住地は、釈放後に帰る先であり、引受人は、本人の釈放後に同居するなどしてその生活状況に配慮し、改善更生に協力してくれる人を指す。

更生保護法82条（収容中の者に対する生活環境の調整）
　保護観察所の長は、刑の執行のため刑事施設に収容されている者又は刑若しくは保護処分の執行のため少年院に収容されている者について、その社会復帰を円滑にするため必要があると認めるときは、その者の家族その他の関係人を訪問して協力を求めることその他の方法により、釈放後の住居、就業先その他の生活環境の調整をおこなうものとする。

ア．調整の方法

　生活環境の調整は、対象者が施設に収容された早い段階から開始される。

　帰住予定地と引受人は、基本的には本人の申告による。

　引受人の住居地を管轄する保護観察所の長は、必要な調査を保護観察官または保護司をして行わせる。具体的には、引受人を訪問し、帰住先として適当かどうかなどを調査するとともに、以下の事項について、調整を進める。

　なお、地方公共団体、学校、病院、公共の衛生福祉に関する機関その他の者に対し、必要な援助および協力を求めることがある。

イ．調整をおこなう事項

　1　生活環境調整対象者の釈放後の住居を確保すること

　2　生活環境調整対象者に係る「引受人」を確保すること

　3　生活環境調整対象者の釈放後の改善更生を助けることについて、引受人以外の家族その他の関係人の理解および協力を求めること

36

4　生活環境調整対象者の釈放後の就業先または通学先を確保すること

5　生活環境調整対象者の改善更生を妨げるおそれのある生活環境について、当該生活環境調整対象者が釈放された後に影響を受けないようにすること

6　釈放後に、公共の衛生福祉に関する機関その他の機関から必要な保護を受けることができるようにすること

7　その他生活環境調整対象者が健全な生活態度を保持し、自立した生活を営むために必要な事項

ウ．調整結果の報告

　生活環境の調整は、継続的に行われ、調整結果は「生活環境調整報告書」により保護観察所の長に報告される。

　　・少年院に収容されている者および婦人補導院に収容されている者は、約3か月ごと

　　・無期刑または3年以上の懲役受刑者（法定期間経過前）は、約1年ごと

　　・それ以外の者は、約6か月ごと

　また、調査結果は、地方更生保護委員会における仮釈放等の審理における資料となるほか、矯正施設における矯正処遇または矯正教育に生かされる。

　対象者が仮釈放になると、調査にあたった保護司がそのまま保護観察を担当することが多い。

　2016（平成28）年の生活環境調整の開始人員は42,834人（受刑者38,983人、少年院在院者3,851人）である。

　(2)　保護観察付執行猶予の裁判確定前の生活環境の調整

　保護観察付執行猶予の言渡しを受け、その裁判が確定する[注]までの者に対し、調整をおこなう事項を示し、書面により同意を求めた上で、その者の住居、就業先その他の生活環境の調整をおこなう（更生保護法83条関係）。

　　注　刑事裁判の言渡しは、上訴することなく上訴期間（14日間）が経過したときに確定する。

第5章

保護観察の実施状況と良好・不良措置

> 統計から見ると、保護観察はどのような動向にあるか
> 保護観察における良好措置にはどのようなものがあるか
> 保護観察における不良措置にはどのようなものがあるか

1）保護観察対象者の動向

全国の保護観察所で、2016（平成28）年に新たに保護観察が開始された人員および同年末の係属人員は、下表のとおりである。また、保護観察開始人員の推移は、①～⑤のとおりである（本節中の数値はいずれも保護統計年報による）。

	保護観察開始人員（人）	構成比（％）	年末係属人員（人）	構成比（％）
保護観察処分少年	16,304	46.1	14,465	43.3
うち短期保護観察	2,031	(5.7)	1,196	(3.6)
うち交通短期保護観察	5,981	(16.9)	1,905	(5.7)
少年院仮退院者	3,743	10.6	3,650	10.9
仮釈放者	13,260	37.5	4,935	14.8
保護観察付執行猶予者	3,034	8.6	10,344	31.0
婦人補導院仮退院者	-	0.0	-	-
合　計	35,341	100.0	33,394	100.0

① 総数

総数は、保護観察処分少年、少年院仮退院者、仮釈放者および保護観察付

執行猶予者の合計であり、減少が続いている。

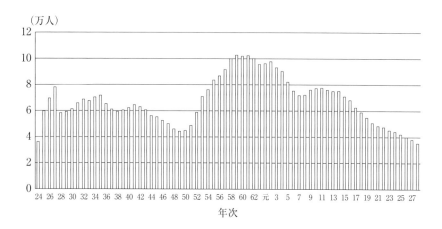

　婦人補導院仮退院者は、1984（昭和59）年以降ほぼ０件の年が続いており、2012（平成24）年に２人、2014（平成26）年に１人の実数があったのみである。
②　保護観察処分少年（１号観察）
　1991（平成３）年以降減少傾向にある。1977（昭和52）年からは交通短期保護観察が、1994（平成６）年からは短期保護観察が開始され、その数が含まれている。

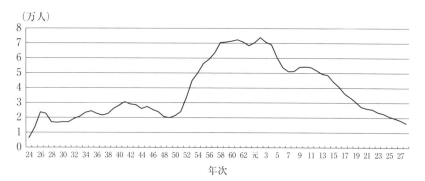

③ 少年院仮退院者（2号観察）

2003（平成15）年以降ほぼ減少傾向にある。

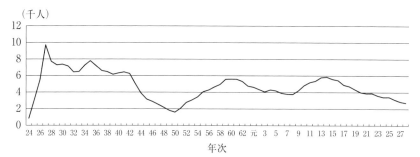

④ 仮釈放者（3号観察）

近年1万3千人台で推移している。

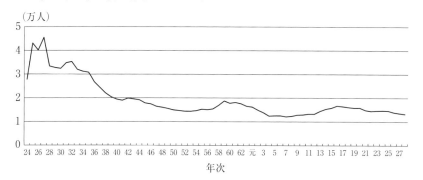

⑤ 保護観察付執行猶予者（4号観察）

2000（平成12）年以降、ほぼ減少傾向にある。

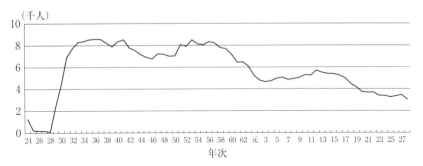

2）保護観察対象者の特性

保護観察対象者には、少年も成人もいる。その性別や年齢、保護観察の期間、居住環境、家族構成、就業状況などもさまざまである。抱える問題も多岐にわたることから、保護観察官は、初回面接や身上調査書などの情報をもとに対象者ごとに処遇計画を立てる。

以下の①～④は、2016（平成28）年の保護観察対象者の状況である（数値はいずれも保護統計年報による）。

① 保護観察の期間

仮釈放者の保護観察期間は、3か月以内までの計が39.9％であり、6か月以内までみると79.4％である。8割近くの者が、その保護観察期間が6か月以内である。

一方、保護観察付執行猶予者の保護観察期間の内訳は、2年以内が2.0％、3年以内が45.1％、4年以内が34.0％、5年以内が19.0％であり、保護観察期間が比較的長期に渡る。

② 非行名・罪名

保護観察処分少年の非行名は、男女ともに、窃盗、道路交通法違反の順に高い。

少年院仮退院者では、男子は、窃盗、傷害、詐欺の順に高く、女子は、覚せい剤取締法違反、窃盗、傷害の順に高い。

仮釈放者の罪名は、男女とも、窃盗、覚せい剤取締法違反、詐欺の順に多い。

保護観察付全部執行猶予者では、男性は、窃盗、覚せい剤取締法違反、傷害の順に多く、女性は、窃盗、覚せい剤取締法違反、殺人の順に多い。

③ 保護観察開始時の居住状況

保護観察処分少年、少年院仮退院者とも、「両親と同居」および「母と同居」の割合が高く、両者の合計が7～8割である。

仮釈放者の約3割の者が更生保護施設である。また、保護観察付執行猶予者の約4人に1人が単身居住である。

仮釈放者（13,260人）

配偶者と同居	両親と同居	父と同居	母と同居	その他の親族と同居	更生保護施設	雇用主	単身居住	その他
11.4%	17.1	4.4	14.7	8.1	31.2	1.9	3.1	8.0

保護観察付全部執行猶予者（3,034人）

配偶者と同居	両親と同居	父と同居	母と同居	その他の親族と同居	更生保護施設	雇用主	単身居住	その他
14.5%	17.9	3.9	13.5	7.2	4.1	1.3	26.6	11.1

④ 保護観察開始時年齢

保護観察開始時の年齢をみると、保護観察処分少年、少年院仮退院者ともに18・19歳の年長少年の割合が高い。また、仮釈放者は、40代が多く、保護観察付全部執行猶予者は20代が多い。

保護観察処分少年（10,323人）

15歳以下	16・17歳	18・19歳
17.9%	40.0	42.1

注　保護観察処分少年に交通短期保護観察対象者の数は含まない。

少年院仮退院者（2,743人）

15歳以下	16・17歳	18・19歳	20歳以上
6.2%	27.5	45.4	20.9

仮釈放者（13,260人）

20～29歳	30～39歳	40～49歳	50～64歳	65歳以上
13.5%	26.4	29.0	22.1	9.1

保護観察付全部執行猶予者（3,034人）

20歳未満	20～29歳	30～39歳	40～49歳	50～64歳	65歳以上
0.3%	28.2	24.1	22.0	16.2	9.2

3） 良好措置、不良措置

　保護観察対象者は、通常、定められた期間まで、保護観察を受けることになる。しかし、保護観察の成績が良好であり、保護観察を継続する必要がないと認められる者については、期間が満了する前に保護観察を打ち切ったり、仮に解除したりする「良好措置」がとられる。

　反対に、保護観察期間中に再び犯罪や非行を犯したり、遵守事項が守れていないなど保護観察の成績が不良である者については、仮釈放の取消しや少年院への戻し収容などの「不良措置」がとられることがある。

　保護観察種類別の良好措置および不良措置は、つぎのとおりである（なお、保護観察における良好措置、不良措置の概略は、本章5）に示す）。

第 5 章　保護観察の実施状況と良好・不良措置　　43

保護観察の種類	良好措置	不良措置
保護観察処分少年	解除、（一時解除）	警告、施設送致申請、通告
少年院仮退院者	退院	戻し収容
仮釈放者	（不定期刑の終了）	（保護観察の停止）、仮釈放の取消し
保護観察付執行猶予者	保護観察の仮解除	（仮解除の取消し）、執行猶予の取消しの申出
婦人補導院仮退院者	－	（仮退院の取消し）

注　（　）内は、5）の概略において記載を省略した措置である。

　なお、保護観察所の長は、対象者が出頭命令に応じない場合は、裁判官の発する「引致状」により引致（身体の自由を拘束した者を一定の場所へ強制的に連行すること）することができる（更生保護法63条）。

> 更生保護法63条　地方委員会又は保護観察所の長は、その職務を行うため必要があると認めるときは、保護観察対象者に対し、出頭を命ずることができる。
> 2　保護観察所の長は、保護観察対象者について、次の各号のいずれかに該当すると認める場合には、裁判官のあらかじめ発する引致状により、当該保護観察対象者を引致することができる。
> 　一　正当な理由がないのに、定められた住居に居住しないとき注)。
> 　二　遵守事項を遵守しなかったことを疑うに足りる十分な理由があり、かつ、正当な理由がないのに、前項の規定による出頭の命令に応ぜず、又は応じないおそれがあるとき。
>
> 注　原文を一部読み替えている。

(1)　保護観察における良好措置

①　保護観察処分少年における保護観察の「解除」（更生保護法69条）

　保護観察所の長は、保護観察処分少年について、保護観察を継続する必要がなくなったと認めるときは、保護観察を解除する。

　運用上、解除するには、保護観察に付されておおむね1年以上経過してい

44

ることが必要である。

　なお、短期保護観察では、おおむね6か月以上7か月以内に解除すること
とされ、交通短期保護観察では、原則として3か月以上4か月以内に保護観
察を解除することとされている。

② 少年院仮退院者における「退院」（更生保護法74条）

　少年院仮退院者について、保護観察所の長の申出があった場合、保護観察
を継続する必要がなくなったと認めるときは、地方更生保護委員会の決定に
より、退院が許される。

③ 仮釈放者

　仮釈放者の大多数を占める定期刑の者については、期間満了前に保護観察
を終了するような良好措置はない。

　ただし、不定期刑に処せられ仮釈放を許された者については、地方更生保
護委員会が不定期刑の終了を決定したとき（更生保護法78条）に保護観察が
終了となる。また、極めて例外的ではあるが、恩赦により減刑あるいは刑の
執行の免除を受けたときに保護観察が終了となる場合がある。

④ 保護観察付執行猶予者における「仮解除」

　保護観察付執行猶予者に対する保護観察は、仮に解除することができる。
保護観察所の長は、保護観察を継続せずとも改善更生することができると判
断したときは、地方更生保護委員会に仮解除の申出をおこない、地方更生保
護委員会が仮解除を決定する（更生保護法81条）。運用上、保護観察に付され
てからおおむね1年を経過していることが必要である。

　仮解除の期間中は、指導監督や補導援護はおこなわれず、遵守事項違反を
理由に執行猶予が取り消されることはない。保護観察所では、仮解除中の対
象者の行状について、おおむね6か月を経過するごとに調査をおこなう。

⑤ 婦人補導院仮退院者（5号）

　良好措置は設けられていない。

第 5 章　保護観察の実施状況と良好・不良措置　　45

⑵　保護観察における不良措置

①　保護観察処分少年における不良措置

　保護観察処分少年については、警告および施設送致申請（更生保護法67条）、通告（更生保護法68条）の措置がある。

ア．警告および施設送致申請

　保護観察所の長は、保護観察処分少年が、遵守事項を遵守しなかったと認めるときは、これを遵守するよう「警告」を発することができる。その上で、警告を発した日から 3 か月間（期間満了まで 3 か月に満たない場合は満了日まで）を特別観察期間とし、指導監督を強化する。特別観察期間は、延長することができる。

　保護観察所の長は、警告を受けた保護観察処分少年が、なお遵守事項を遵守せず、その程度が重いと認めるときは、家庭裁判所に「施設送致申請」をすることができる。

イ．通告

　保護観察所の長は、保護観察処分少年について、新たにぐ犯事由があると認めるときは、家庭裁判所に通告することができる（ぐ犯については、1 章4 ）⑵参照）。

②　少年院仮退院者における戻し収容（更生保護法71条）

　地方更生保護委員会は、保護観察所の長の申出により、少年院仮退院者が遵守事項を遵守しなかったと認めるときは、当該少年を少年院に送致した家庭裁判所に対し、これを少年院に戻して収容する旨の決定の申請をすることができる。

　この申請を受けた家庭裁判所は、相当と認めるときは、少年を少年院に戻して収容する旨の決定をすることができる（更生保護法72条 1 項）。

③　仮釈放者における仮釈放の取消し

　仮釈放中の者が次に掲げる場合においては、仮釈放の処分を取り消すことができる（刑法29条）。

1　仮釈放中に更に罪を犯し、罰金以上の刑に処せられたとき。

2　仮釈放前に犯した他の罪について罰金以上の刑に処せられたとき。

3　仮釈放前に他の罪について罰金以上の刑に処せられた者に対し、その刑の執行をすべきとき。

4　仮釈放中に遵守すべき事項を遵守しなかったとき。

　仮釈放の取消しは、仮釈放者に対する保護観察をつかさどる保護観察所の所在地を管轄する地方更生保護委員会が決定する。

　なお、仮釈放の処分を取り消したときは、釈放中の日数は、刑期に算入しない（仮釈放になったときの残刑期間の全期間を取消し刑として服役することになる）。

④　保護観察付執行猶予者における執行猶予の取消し

　刑法では、必要的取消しと裁量的（さいりょうてき）取消しに分けて規定されている。

　保護観察付の全部執行猶予者においては、「遵守すべき事項を遵守せず、その情状が重いとき」には、刑の執行猶予の言渡しを取り消すことができる（裁量的取消し）（刑法26条の2第2号）。

　その場合の手続は、まず、保護観察所の長が検察官に申出を行い、検察官は、これを相当と認めるときは、裁判所に刑執行猶予の取消し請求をおこなう（刑事訴訟法349条）。裁判所は、猶予の言渡しを受けた者の請求があるときは、口頭弁論を経なければならない（刑事訴訟法349条の2）。請求がない場合は、書面審理により、取消しの可否を決定する。

　また、全部執行猶予の言渡しを受けた者については、保護観察に付されたかどうかを問わず、再犯により禁錮以上の刑に処せられた場合などには必要的に執行猶予が取り消され（刑法26条1号）、罰金に処せられた場合などには裁量的に取り消される（刑法26条の2第1号）。

　一方、刑の一部執行猶予の場合も、再犯があった場合に、禁錮以上の刑に処せられたときは必要的に取り消され（刑法27条の4第1号）、罰金の場合は裁量的に取り消される（刑法27条の5第1号）。また、遵守事項を遵守しなかったときも裁量的に取り消されるが、「遵守すべき事項を遵守しなかったと

き」（刑法27条の5第2号）とされることから（「その情状が重いとき」の文言が無い）、刑の全部の執行猶予の裁量的取消しに比較して、より厳しい対応がなされる。

4）保護観察の終了状況

　2016（平成28）年における保護観察終了者の主な終了事由は、下表のとおりである。

保護観察の種類別終了事由別人員（2016（平成28）年）

① 保護観察処分少年

総数	期間満了	解除	保護処分取消し	その他
11,727	1,161（9.9%）	8,883（75.7%）	1,672（14.3%）	11（0.1%）

② 少年院仮退院者

総数	期間満了	退院	戻し収容	保護処分取消し	その他
3,169	2,153（67.9%）	536（16.9%）	8（0.3%）	461（14.5%）	11（0.3%）

③ 仮釈放者

総数	期間満了	仮釈放取消し	その他
13,506	12,822（94.9%）	627（4.6%）	57（0.4%）

④ 保護観察付執行猶予者

総数	期間満了	刑の執行猶予の取消し	その他
3,423	2,454（71.7%）	848（24.8%）	121（3.5%）

注1　保護統計年報による。
　2　保護観察処分少年は、交通短期保護観察の対象者を除く。
　3　「その他」は、死亡等により終了した者である。
　4　婦人補導院仮退院者は、該当数0である。

5）保護観察における良好措置、不良措置の概略

＜良好措置＞

＜不良措置＞

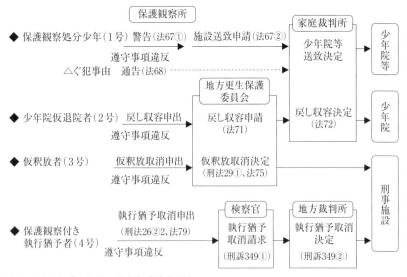

注1　図中の「法」は、更生保護法を示す。
　2　省略した措置がある（前述　3）良好措置、不良措置の表参照）。

更生緊急保護

> 更生緊急保護にはどのような措置があるか
> 更生緊急保護は、どのような人を対象としているか
> 応急の救護ではどのような措置がとられているか

1）更生緊急保護

(1) 制度の目的および概略

　刑務所を満期で釈放された者や起訴猶予処分で身体の拘束を解かれた者の中には、住居や職といった生活基盤もなく、当面の生活費もない者もいる。その結果、生活が不安定となり、再犯を引き起こす可能性が高まる。そこで、こうした人たちが社会生活を送る上で問題に直面した際に、国の責任において、必要な限度で援助をおこなうのが更生緊急保護である（更生保護法85条）。

(2) 更生緊急保護の対象

　以下の者で、刑事上の手続または保護処分による身体の拘束を解かれた者が対象となる（更生保護法85条1項後段）。身体の拘束がなかった者は、対象とならない。

1　懲役、禁錮または拘留の刑の執行を終わった者
2　懲役、禁錮または拘留の刑の執行の免除を得た者
3　懲役または禁錮の刑の執行猶予の言渡しを受け、その裁判が確定するまでの者

50

4 前号に掲げる者のほか、懲役または禁錮の刑の執行猶予の言渡しを受け、保護観察に付されなかった者

5 訴追を必要としないため公訴を提起しない処分を受けた者（起訴猶予者）

6 罰金または科料の言渡しを受けた者

7 労役場から出場し、または仮出場を許された者

8 少年院から退院し、または仮退院を許された者（保護観察に付されている者を除く）注)

注 例として、少年院仮退院中に地方委員会の決定により退院を許された者で該当する場合がある。

更生緊急保護の概略

対　象		目　的
刑事上の手続による身体の拘束を解かれた者 保護処分による身体の拘束を解かれた者	生活環境の改善、調整を図る	進んで法律を守る善良な社会の一員となることを援護し、その速やかな改善更生を保護する

本人の申出

保護観察所の長が必要性を認定

措置の内容	金品の給与、金品の貸与、宿泊場所の供与、宿泊場所への帰住援助、医療、療養、就職、教養訓練の援助、職業の補導、生活指導
一般的な実施要件	・親族からの援助、公共の衛生福祉に関する機関による保護を受けることができない、十分でない場合 ・本人の意思に反しない場合

(3) 更生緊急保護の期間

　更生緊急保護は、その対象となる者が刑事上の手続または保護処分による身体の拘束を解かれた後6か月を超えない範囲内において、その意思に反しない場合に限り、おこなうものとする。ただし、その者の改善更生を保護す

るため特に必要があると認められるときは、更に6か月を超えない範囲内において、これをおこなうことができる（更生保護法85条4項）[注]。

　特別の事情がある例として、高齢、疾病、障害等のため、期間内に自立した生活を営むことが困難である場合や、事故、天災等の事情により、期間内に自立した生活を営むことが困難である場合が考えられる。

> 注　実務上、拘束を解かれた日の翌日から起算して6か月間を「一般法定期間」といい、一般法定期間満了日の翌日から起算して6か月以内の期間を「特別法定期間」と呼んでいる。

(4)　更生緊急保護の措置の内容

　保護観察所の長は、申出があった者について、更生緊急保護の要否の調査をおこない[注]、その結果を踏まえ、とるべき措置を選定する。更生緊急保護の措置には、次の方法があるが、現在、宿泊を伴う保護については更生保護施設等に委託しておこなわれている。

1　住居その他の宿泊場所がない者に対し、宿泊場所並びに宿泊に必要な設備および備品を供与すること。

2　食事を得ることができない者に対し、食事を給与すること。

3　住居その他の宿泊場所への帰住を助けるため、旅費を給与し、または貸与すること。

4　その他就業または当面の生活を助けるために必要な金銭、衣料、器具その他の物品を給与し、または貸与すること。

　なお、更生緊急保護に関し、職業のあっせんの必要があると認められるときは、公共職業安定所は、更生緊急保護をおこなう者の協力を得て、職業安定法の規定に基づき、更生緊急保護の対象となる者の能力に適当な職業をあっせんすることに努めるものとするとある（更生保護法85条6項）。

> 注　更生緊急保護を行う必要があるか否かを判断するため、その者の性格、年齢、経歴、心身の状況、家庭環境、交友関係、親族の状況、生活の能力、生活の計画その他の事項について、面接等を通じて調査をおこなう。

52

(5) 更生緊急保護による措置の実施状況

2016（平成28）年における更生緊急保護による措置の実施状況は下表のとおりである。措置は、保護観察所の長自らがおこなう「自庁保護」と、更生保護施設、地方公共団体、その他適当な団体、個人に委託しておこなう「委託保護」に分けられる。

対象者の種別を見ると、全部実刑の刑の執行終了者が多い。

更生緊急保護の措置の実施状況（2016（平成28）年）

	保護観察所の自庁保護人員	主な措置別人員					更生保護施設等へ宿泊を伴う保護の委託	
		宿泊	食事給与	衣料給与	医療援助	旅費給与		
総　数	7,661	14	455	764	15	526	5,089	(1,336)
全部実刑の刑の執行終了	5,041	14	236	264	3	295	3,132	(704)
全部執行猶予	951	－	81	146	－	84	728	(250)
一部執行猶予	－	－	－	－	－	－	－	
起訴猶予	1,170	－	94	273	7	100	874	(273)
罰金・科料	339	－	38	58	4	34	240	(68)
労役場出場・仮出場	140	－	6	22	1	12	82	(33)
少年院退院・仮退院期間満了	20	－	－	1	－	1	33	(8)

注1　保護統計年報による。
　2　複数の措置を受けた者はそれぞれについて計上している。
　3　「更生保護施設等へ宿泊を伴う保護の委託」は、前年から委託中の人員を含む。
　4　（　）内は、自立準備ホーム等の更生保護施設以外への委託であり、内数である。

(6) 更生緊急保護実施の原則

更生緊急保護をおこなうにあたっては、その対象となる者が公共の衛生福祉に関する機関その他の機関から必要な保護を受けることができるようあっせんするとともに、更生緊急保護の効率化に努めて、その期間の短縮と費用

の節減を図らなければならないとされる（更生保護法85条5項）。すなわち、対象者の改善更生のために必要かつ相当な限度においておこなわれる。

⑺　更生緊急保護の手続

更生緊急保護は、対象者の申出があった場合において、保護観察所の長がその必要があると認めたときに限りおこなう（更生保護法86条1項）。

検察官、刑事施設の長、少年院の長は、更生緊急保護の制度および申出の手続について教示しなければならない（同条2項）。

保護観察所の長は、更生緊急保護をおこなう必要があるか否かを判断するにあたっては、手続に関与した検察官、刑事施設の長または少年院の長の意見を聴かなければならないが（同条3項）、更生緊急保護の必要性に関する意見等が記入された「保護カード」の確認でこれにかえることができる。

2）応急の救護

更生緊急保護に似た制度として、応急の救護がある。これは、保護観察を受けている者に対する措置であり、通常の補導援護では間に合わない、緊急時の保護の措置のことを指す（応急の救護については、3章4）参照）。本人の申出を必要としない。

2016（平成28）年における応急の救護による措置実施人員は、「自庁保護」人員が6,156人、「更生保護施設等へ宿泊を伴う保護の委託」が6,555人であった（前年から委託中の人員を含む）。

自庁保護の主な措置は、宿泊24人、食事給与282人、衣料給与855人、医療援助12人、旅費給与170人である。

また、更生保護施設等へ宿泊を伴う保護のうち、更生保護施設に委託した人員は5,952人であり、更生保護施設以外への委託は603人であった。委託保護6,555人のうち仮釈放者が5,537人（84.5%）であった。（数値は、保護統計年報による）

第 7 章

更生保護施設

> 更生保護施設とはどのようなものか
> 更生保護施設ではどのような処遇がおこなわれているか

1）更生保護施設の概要

　更生保護施設は、保護観察対象者や更生緊急保護の対象者のうち、住居がなかったり、頼るべき人がいないなどの理由で直ちに自立することが難しい者を保護観察所から委託を受けて、宿泊させ、食事を給するほか、就職援助、生活指導等をおこない、その改善更生と自立を支援する施設である。

　2017（平成29）年6月1日現在、全国に103の施設（東京都19施設、北海道8施設、福岡7施設、愛知に6施設など）がある。

　内訳は、男子施設88、女子施設7、男女施設8である。収容定員の総計は2,383人（男子が成人1,874人と少年324人、女子が成人134人と少年51人）であり、収容定員が20人前後の施設が多い。

　施設には、すぐに生活するための居室、食堂、浴室等のほか、事務室、集会室、宿直室等が置かれ、多目的な研修室を地域住民の会合等に開放しているところもある。

　更生保護施設はすべて民間法人によって設置運営されており、うち100施設は、「更生保護法人」が運営する。更生保護法人は、更生保護事業法に基づき、更生保護事業を営むことを目的として、法務大臣の認可を受けて設立された法人である。

第7章　更生保護施設　55

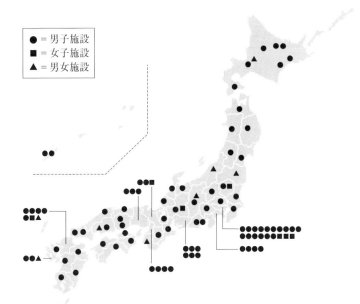

更生保護施設の分布状況（2017年6月現在）
（法務省保護局の資料をもとに作成。）

　そのほか、社会福祉法人、NPO法人、一般社団法人によりそれぞれ1施設が運営されている。

更生保護事業法2条2項
　この法律において「継続保護事業」とは、次に掲げる者であって現に改善更生のための保護を必要としているものを更生保護施設に収容して、その者に対し、宿泊場所を供与し、教養訓練、医療又は就職を助け、職業を補導し、社会生活に適応させるために必要な生活指導を行い、生活環境の改善又は調整を図る等その改善更生に必要な保護を行う事業をいう。
1　保護観察に付されている者
2　懲役、禁錮又は拘留につき、刑の執行を終わり、その執行の免除を得、又はその執行を停止されている者
3　懲役又は禁錮につき刑の執行猶予の言渡しを受け、刑事上の手続による

身体の拘束を解かれた者（保護観察中の者を除く）
4 　罰金又は科料の言渡しを受け、刑事上の手続による身体の拘束を解かれた者（保護観察中の者を除く）
5 　労役場から出場し、又は仮出場を許された者
6 　訴追を必要としないため公訴を提起しない処分を受け、刑事上の手続による身体の拘束を解かれた者
7 　少年院から退院し、又は仮退院を許された者（保護観察中の者を除く）
8 　婦人補導院から退院し、又は仮退院を許された者（保護観察中の者を除く）

２）更生保護施設への委託

　更生保護施設への委託の例として、生活環境の調整の結果、更生保護施設が帰住地となった仮釈放者や少年院仮退院者が、補導援護・応急の救護の措置により更生保護施設に帰住する場合がある。

　また、刑事施設を満期釈放後、保護観察所に更生緊急保護の申出をおこなった者に対し、必要に応じて、宿泊を伴う保護を更生保護施設に委託しておこなう場合があげられる。

　2016（平成28）年の更生保護施設への委託人員は6,329人である。そのうち仮釈放者が4,246人（67.1％）、刑の執行終了者が637人（10.1％）であり、仮釈

更生保護施設への委託の例（仮釈放者及び満期釈放者の場合）

第7章　更生保護施設　57

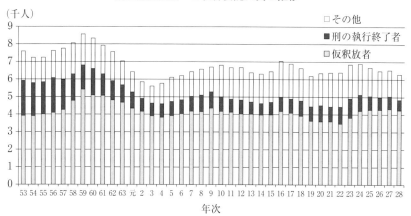

更生保護施設への収容委託人員の推移

注　保護統計年報による。

放者の割合が高い（保護統計年報による）。

3）更生保護施設における処遇

　更生保護施設には、施設長、補導主任、補導員、調理員などが配置される。補導主任や補導員は保護司の資格を持つ者が少なくなく、そうした施設においては、仮釈放者のような保護観察対象者に対して、施設職員による指導監督が実施される。

　また、多くの更生保護施設においては、宿泊場所や食事を提供するだけでなく、以下の処遇をおこなっている。
・就職に向けた指導や援助
・貯蓄や金銭管理の指導
・社会生活に適応するための生活指導
　　SST（social skills training〔社会生活技能訓練〕）[注]
　　酒害・薬害教育など
・社会奉仕活動

58

・退所後の生活環境の調整

　注　対人関係の改善を目的として、ロールプレイをおこないながら危機場面等において
　　どのような行動をすればよいかを学習することで、社会的スキルを向上させる訓練。

　なお、2016（平成28）年度における更生保護施設の在所期間は、次表のと
おりであり、半数が3か月未満で退所している。

更生保護施設退所者の在所期間別構成比（2016（平成28）年度）

総　　数	10日未満	10日以上1月未満	1月以上3月未満	3月以上6月未満	6月以上1年未満	1年以上
6,291人	493	614	2,076	2,304	752	52
構成比（％）	7.8	9.8	33.0	36.6	12.0	0.8

注　平成29年版犯罪白書による。

4）更生保護施設における近年の取組

ア．特別処遇

　2009（平成21）年度から実施された地域生活定着支援事業に関連し、高
齢・障害により自立が困難な矯正施設出所者等をいったん受け入れるための
施設として指定された71の更生保護施設（指定更生保護施設）では、バリア
フリー化等の必要な施設整備をおこない、福祉の専門資格を有する職員を配
置して特別処遇をおこなっている。これらの施設では、福祉スタッフが中心
となり、関係機関と連携しつつ、円滑な福祉への移行のための支援がおこな
われている。（地域生活定着支援事業については、13章2）(2)ア　参照）

イ．重点処遇

　2013（平成25）年度以降、薬物処遇重点実施更生保護施設が指定され、薬
物専門職員を配置して重点的な薬物処遇（重点処遇）を実施している（全国
25施設）。

ウ．退所者のフォローアップ

更生保護施設を退所後も継続的な相談や支援が必要な場合もある。そこで、2017（平成29）年度から、更生保護施設退所者への継続的な支援として、生活相談や回復プログラムの実施などを施設に委託する取組が開始されている。

第8章

更生保護制度の従事者と民間協力者

更生保護の領域にはどのような人々が携わっているか
保護観察官や保護司にはどのような役割があるか

1) 保護観察官

ア．保護観察官の配置と任用

保護観察官は、医学、心理学、教育学、社会学その他の更生保護に関する専門的知識に基づき、保護観察、調査、生活環境の調整その他犯罪をした者及び非行のある少年の更生保護並びに犯罪の予防に関する事務に従事する国家公務員であり、全国の保護観察所および地方更生保護委員会の事務局に配置される（更生保護法31条）。2016（平成28）年度は、全国の保護観察所に1,214人、地方更生保護委員会事務局に161人の保護観察官が配置されている。

保護観察官は、主に国家公務員採用総合職試験または法務省専門職員（人間科学）採用試験保護観察官区分に合格後、法務省保護局または更生保護官署（地方更生保護委員会または保護観察所）に採用される。採用後、一定期間は法務事務官として法務省保護局または更生保護官署において行政事務に従事した後、保護観察官に任命される。

イ．保護観察官の業務

地方更生保護委員会に勤務した場合は、仮釈放や仮退院に関する審理のために必要な調査をおこなうほか、仮釈放の取消しや仮退院中の者の退院、保護観察付執行猶予者の保護観察の仮解除等に関する事務に従事する。

第 8 章　更生保護制度の従事者と民間協力者　　61

　保護観察所に勤務した場合は、保護観察処分少年や仮釈放者等を対象とする保護観察を実施するほか、生活環境の調整、犯罪予防活動等の業務に従事する。

　保護観察所における保護観察の実施体制は地区担当官制が中心であり、保護観察官は、地区担当官として配置される。実務上は、保護区（後述）など一定地域を基準として、当該地域を居住地とする保護観察対象者の事件については、その地域を担当する保護観察官が主任官として事件を担当する。

　なお、2007（平成19）年 4 月から、全国の保護観察所および地方更生保護委員会において、専門官制が導入された。処遇部門に配置された統括保護観察官（一部の大規模庁では首席保護観察官も配置）は、自らも保護観察事件に関与しながら、数人の保護観察官の指揮にあたっている。

2）保護司

ア．保護司の使命

　保護司は、社会奉仕の精神をもって、犯罪をした者及び非行のある少年の改善更生を助けるとともに、犯罪の予防のため世論の啓発に努め、もって地域社会の浄化をはかり、個人及び公共の福祉に寄与することを、その使命として定められている（保護司法 1 条）。

イ．保護司の職務・活動

　保護司は、保護観察官で十分でないところを補い、地方更生保護委員会または保護観察所の長の指揮監督を受けて、保護司法の定めるところに従い、それぞれ地方更生保護委員会または保護観察所の所掌事務に従事するものとされる（更生保護法32条）。

　その主な活動として、保護観察に付されている者の指導監督・補導援護、刑事施設または少年院に収容されている者の生活環境の調整、犯罪予防活動がある。

　保護観察を担当した場合、毎月、保護観察対象者が保護司の家を訪問（来

訪）したり、保護司が対象者の家を訪問（往訪）したりする。そこで、対象者の最近の生活状況などを把握した上で、必要な指導・助言をおこなう。

毎月１回、こうした内容を「保護観察経過報告書」に整理し、保護観察所に提出する。

保護観察中に何か問題などが起こったときには、保護観察官に連絡して協議をする。再犯が起こった場合は、事故報告をする。

また、保護司は、保護区ごとに保護司会を組織し、保護司の職務に関する連絡・調整や情報収集、研修などをおこなうほか、「社会を明るくする運動」をはじめとする啓発活動や、地域の学校と連携しての非行防止活動などをおこなっている。

ウ．保護区および定数

保護司は、法務大臣が都道府県の区域を分けて定める保護区[注]に置くものとされ（保護司法２条１項）、その定数は、全国を通じて52,500人をこえないものとされている（同２項）。保護区ごとの保護司の定数は、法務大臣がその土地の人口、経済、犯罪の状況その他の事情を考慮して定めることとなっている（同３項）。

　注　2017（平成29）年４月１日現在、全国の保護区数は886（法務省保護局の資料による）。

エ．保護司の要件

保護司は、次の条件すべてを具備する者の中から、法務大臣によって、委嘱される（保護司法３条１項）。

1　人格及び行動について、社会的信望を有すること。

2　職務の遂行に必要な熱意及び時間的余裕を有すること。

3　生活が安定していること。

4　健康で活動力を有すること。

また、保護司になることができない欠格条項として以下が定められている（保護司法４条）。

1　成年被後見人又は被保佐人

2　禁錮以上の刑に処せられた者

3　日本国憲法の施行の日以後において、日本国憲法又はその下に成立した政府を暴力で破壊することを主張する政党その他の団体を結成し、又はこれに加入した者

オ．保護司の身分・任期

保護司の身分は、非常勤の国家公務員である[注]。

給与は支給されないが、保護司の職務をおこなうために要する費用の全部または一部の支給を受けることができる（保護司法11条）。保護司が保護観察を担当したときは、担当事件一件につき、月7,520円以内でその費用が支給される（保護司実費弁償金支給規則2条）。

保護司の任期は2年であるが、再任は妨げられない（保護司法7条）。

なお、保護司の年齢に関し、初任については原則として66歳以下、再任については、その時点で76歳未満の者を対象とする運用がなされている。

注　職務上知り得た関係者の秘密の保持が要求される。ただし、国家公務員法が全面的に適用されるわけではなく、たとえば、政治的行為の禁止または制限に関する規定は適用されない。

カ．保護司の研修

保護司には、新任保護司研修、地域別定例研修、自主研修などの研修があり、関係法令の学習、面接の方法や報告書の作成方法の習得、事例研究などがおこなわれている。

キ．保護司の現状

保護司の定数は、昭和25年、保護司法施行の際に全国で52,500人と定められて以来、現在まで変わっていない。実数は47,909人（充足率は91.3％）であり、女性比が26.1％、60歳以上の保護司の割合が約80.0％、平均年齢は64.9歳である（平成29年1月1日現在）。

保護司の職業については、主婦、主婦を除く無職、宗教家、会社員、農

林・漁業、商業・サービス業などである。

保護司制度の課題として、人材の確保が困難な状況になってきていることや高年齢化があげられる。

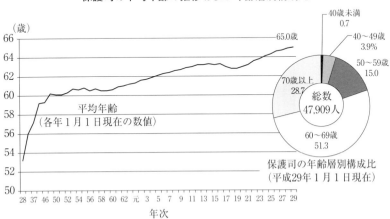

注 平成29年版犯罪白書による。

3）社会復帰調整官

社会復帰調整官は、「心神喪失等の状態で重大な他害行為を行った者の医療及び観察等に関する法律」に基づき、心神喪失等の状態で重大な他害行為をおこなった者に対する生活環境の調査、生活環境の調整、処遇の実施計画の策定、精神保健観察などの業務をおこなう（詳細は11章参照）。

4）更生保護施設等

矯正施設から釈放された者や保護観察対象者に対し、一定期間、宿泊場所や食事を提供する民間の施設として更生保護施設や自立準備ホームがある（更生保護施設の詳細は7章、自立準備ホームについては13章参照）。

5）民間協力者

　更生保護の対象者が地域社会で生活していくためには、国の機関の活動のみでは十分とは言えず、広く地域住民の理解と協力を必要とする。更生保護法2条1項は、民間の団体や個人により自発的におこなわれる更生保護の活動を促進し、これらの者と連携協力することを国の責務としている。

　現在、更生保護の諸活動は、全国の保護司、更生保護施設のほか、以下の多くの民間人の参加、協力によって支えられている[注]。

注　一部の保護観察所には、保護司や保護司会、民間団体等との連携を図り、活動の支援をおこなう民間活動支援専門官が配置されている。

> 更生保護法2条（国の責務等）
> 　国は、前条の目的の実現に資する活動であって民間の団体又は個人により自発的に行われるものを促進し、これらの者と連携協力するとともに、更生保護に対する国民の理解を深め、かつ、その協力を得るように努めなければならない。

(1)　更生保護女性会

　地域の犯罪予防活動や更生支援をおこなう女性のボランティア団体（全国に約1,300の地区会）であり、総数約16万人の会員が活動している。犯罪・非行の未然防止のための啓発活動をおこなったり、地域の施設を利用したその地域の実情に即した活動などに取り組んでいる。主な活動は以下のとおりである。

① 更生支援活動

・更生保護施設などにおける食事作りや料理教室、行事への参加などの協力

・刑務所や少年院などの矯正施設を訪問し、少年院での運動会への参加や女子刑務所での浴衣の着付けなどへの協力

② 犯罪・非行防止活動

・地域の公民館や学校等で、「家庭でのしつけ」や「非行」など身近なテーマについて、地域住民同士で話し合う「ミニ集会」の開催

・社会を明るくする運動への協力など地域社会における啓発活動

③　子育て支援活動

・子育て中の親を対象にした子育て相談、親子ふれあい行事などの開催

　⑵　BBS会

　BBSとはBig Brothers and Sisters Movementの略称であり、問題を抱える少年たちの兄や姉のような身近な存在として相談にのったり支援したりするとともに、非行防止活動をおこなっている青年ボランティア団体である。全国に約500のBBS会があり、約4,700人のBBS会員が、それぞれの地域で活動している。

　終戦直後の混乱期に、町にあふれた子供たちに対し、若者の力で何かが出来ないかと考えた青年たちの一人（京都の学生）の投書が契機となり、1947（昭和22）年2月22日「京都少年保護学生連盟」が生まれた。これが日本のBBS運動のスタートとされる。

　BBS会の主な活動は、次のとおりである。

①　ともだち活動

　保護観察所等からの依頼を受け、兄や姉の立場から同じ目線に立って、非行少年の話し相手や相談相手となるなどの活動をする。

②　社会参加活動・社会貢献活動への協力

　保護観察所と協力し、少年たちと共に清掃活動など様々な活動に参加する。

③　非行防止活動

　非行を未然に防ぐための様々な広報活動や各種のイベントや集会などを地域で実施し、犯罪や非行のない明るい社会の実現に努める。

④　グループワーク

　少年たちとBBS会員がグループになって、スポーツやレクリエーションなどをおこなう。

⑤　研さん活動

　活動を実践するのに必要な知識や技能の習得、会員同士の意見交換など、さまざまな研修をおこなう。

　そのほかに、近年、児童自立支援施設での家庭教師派遣活動や児童館における子どもとのふれあい行事などもおこなっている。

⑶　協 力 雇 用 主

　保護観察対象者や更生緊急保護の対象者の就労援助を通じて更生保護事業に協力している民間の事業者であり、前歴などの事情を理解した上で雇用し、その自立更生を援助している。

　協力雇用主に関しては、その事業内容などを保護観察所に登録する登録制度が設けられている。

　2017（平成29）年4月1日現在、全国に1万8,555の協力雇用主があり、業種の内訳は、建設業が50.2％、サービス業が15.1％、製造業が11.4％である。

　そのうち、実際に対象者を雇用している協力雇用主は774であり、協力雇用主に雇用されている対象者数は1,204人である（平成29年版犯罪白書による）。

　なお、2008（平成20）年9月に、中央の経済団体や大手企業の関係者等が中心となって、幅広い産業分野において、就労の受け皿を確保し、協力雇用主の活動を支援することを目的とした「全国就労支援事業者機構」が設立された。（近年の就労支援策については、13章2）⑷参照）

第9章

犯罪被害者等施策

更生保護における犯罪被害者等施策にはどのようなものがあるか

犯罪被害者等施策は、どのような態勢で実施されているか

1）犯罪被害者等基本法および犯罪被害者等基本計画

2004（平成16）年12月1日に「犯罪被害者等基本法」が成立した。この法律により、犯罪被害者等の権利利益を保護し、犯罪被害者等のための施策を総合的かつ計画的に推進することが求められ、「犯罪被害者等基本計画」が閣議決定された。

犯罪被害者等基本計画の重点課題は次のとおりである（当初のもの）。

1　損害回復・経済的支援等への取組　42施策

2　精神的・身体的被害の回復・防止への取組　69施策

3　刑事手続への関与拡充への取組　43施策

4　支援等のための体制整備への取組　75施策

5　国民の理解の増進と配慮・協力の確保への取組　29施策

各省庁は、犯罪被害者等基本計画に盛り込まれた犯罪被害者等施策を推進することとなり、更生保護においても、以下の四つの制度が導入された。

なお、2011（平成23）年度から第2次犯罪被害者等基本計画が実施され、2016（平成28）年度からは第3次犯罪被害者等基本計画が推進されている。

2）更生保護における犯罪被害者等施策

⑴　仮釈放審理における意見等聴取制度

地方更生保護委員会がおこなう加害者の仮釈放、仮退院の審理において、意見等を述べることができる。

本制度は、仮釈放等の審理において意見等を述べたいという被害者の希望に配慮するとともに、仮釈放等審理をいっそう適正なものとするという観点から導入された。地方更生保護委員会では、加害者の仮釈放や少年院からの仮退院を許すか否かの判断にあたり、被害者や親族からの意見、被害に関する心情などを考慮するほか、仮釈放等を許す場合には、特別遵守事項を設定する際の参考としている。

制度を利用できる期間は、加害者の仮釈放等の審理をおこなっている間である。審理の開始は、被害者等通知制度の利用により知ることができる。

意見等の聴取は、地方更生保護委員会の委員や保護観察官が直接聴取する方法や、被害者等が意見等を記述して郵送する方法などがある。2016（平成28）年の意見等聴取件数は325件であった。

制度の対象は、仮釈放・仮退院の審理の対象となっている加害者の犯罪等による被害者、被害者の法定代理人、被害者の配偶者・直系親族または兄弟姉妹であり、申出の手続が必要である。

⑵　保護観察対象者に対する心情等伝達制度

加害者が保護観察所の保護観察を受けている間、被害者等から被害に関する心情、その置かれている状況、保護観察中の加害者の生活や行動に関する意見を聴き、保護観察中の加害者に伝える。心情等の聴取は、原則として、被害者等の口頭の陳述を聴取することによりおこなわれる。聴取した心情等について、加害者に伝達することの当否を判断した後、加害者の保護観察を実施している保護観察所の長は、加害者である保護観察対象者に対し、心情等を伝達する。

保護観察対象者の主任官は、心情等の伝達後、保護観察中の加害者に対

し、被害の実情を直視させ、反省や悔悟の情を深めさせるよう指導してい
く。

2016（平成28）年の心情等伝達の件数は155件であった。

制度の対象は、加害者が保護観察に付される理由となった犯罪等による被
害者、被害者の法定代理人、被害者の配偶者・直系親族または兄弟姉妹であ
り、申出の手続が必要である。

(3) 更生保護における被害者等通知制度

加害者の仮釈放、仮退院審理や保護観察の状況等に関する情報を、希望す
る被害者等に通知する。本制度の利用により、意見等聴取制度や心情等伝達
制度に関する情報を得られることから、それらの制度の利用につながるもの
でもある。

本制度の利用には、申出の手続が必要である。申出先は、刑事処分の場合
は刑の言渡しがあった裁判所に対応する検察庁であり、保護処分で加害者の
審判結果が保護観察処分の場合は、住居地都道府県にある保護観察所、少年
院送致処分の場合は最寄りの少年鑑別所となる。

① 通知の対象

加害者が刑事処分の場合は、被害者、被害者の法定代理人、被害者の配偶
者・親族・兄弟姉妹、委託を受けた弁護士であり、加害者が保護処分の場合
は、被害者、被害者の親族またはこれに準ずる者、被害者または親族の弁護
士である代理人である。

② 通知事項（加害者が刑事処分の場合）

加害者の状況	通知事項（一部）	通知元
刑事施設収容中	収容施設名称 刑の執行終了予定時期 処遇状況（おおむね6か月ごと）	有罪の言渡しをした裁判所に対応する検察庁の検察官
仮釈放審理（刑事施設収容中）	仮釈放審理の開始 仮釈放審理の結果	仮釈放審理をおこなう地方更生保護委員会

保護観察中	保護観察の開始日及び終了予定時期 保護観察中の処遇状況（特別遵守事項、毎月の接触回数。おおむね6か月ごと） 保護観察の終了に関する事項	加害者の保護観察をつかさどる保護観察所の長

注　加害者が保護処分の場合、少年院入院中の通知事項は、少年院における処遇状況等に関する事項（通知元は少年院の長）、仮退院審理に関する事項（通知元は仮退院審理をおこなう地方更生保護委員会）であり、保護観察中の通知事項は、保護観察中の処遇の状況に関する事項、保護観察の終了に関する事項となる。

③　通知件数（2016（平成28）年）

　仮釈放審理に関する事項について延べ4,228件、保護観察状況に関する事項について延べ6,975件であった。少年事件では、仮退院審理に関する事項について延べ163件、保護観察状況に関する事項について延べ723件の通知がおこなわれた。

　なお、被害者等通知制度は、2014（平成26）年2月に関係通達等の一部改正が行われ、同年4月から実施されている。従来は年月であった保護観察の終了予定時期の通知内容を年月日としたり、専門的処遇プログラムの実施状況を通知事項に追加したりするなどの拡充が図られた[注]。

　　注　改正によって拡充された主な通知事項は、
　　　保護観察の開始に関する事項として、
　　　・保護観察の終了予定年月日（従来は予定年月）
　　　・特別遵守事項および生活行動指針の内容（従前より早めの時期〔保護観察開始時〕に通知する）
　　　・一般遵守事項の概要の追加
　　　であり、保護観察中の処遇状況に関する事項として、
　　　・専門的処遇プログラムの実施状況の追加
　　　・保護観察官および保護司との接触状況（面接が実施できない事情が生じた場合にその旨やその年月を通知する）
　　　である。

(4) 犯罪被害者等に対する相談・支援

　保護観察所の被害者専任の担当者が相談に応じ、被害者等のための制度や手続等に関する情報を提供する。

　相談・支援は、「相談・紹介等」、「問い合わせへの対応」、「被害者等の関与にかかる制度の利用の支援」の３種類からなる。相談・支援の対象は、被害者や親族等である。

　2016（平成28）年中の相談・支援をおこなった件数は1,681件であった。

３）実施態勢

ア．被害者担当官

　全国の保護観察所において、１名以上の被害者担当官を置く。被害者担当官は、加害者の処遇を担当せず、犯罪被害者等支援に関する事務に従事する。

イ．被害者担当保護司

　全国の保護観察所において、男女各１名以上の被害者担当保護司が指名される。被害者担当保護司は、被害者担当官の事務を補助する。被害者担当官同様、保護観察および生活環境の調整は担当しない。

加害者の処遇段階と４つの制度との関係（イメージ）

第10章

犯罪予防活動

> 更生保護が取組む犯罪予防活動はどのようなものか
> 「社会を明るくする運動」とはなにか

1）更生保護における犯罪予防の方法

犯罪予防の方策として、犯罪が発生する原因を取り除く、犯罪発生の機会を減少させる、刑罰による抑止、民事制裁や行政上の制裁による心理的機制、防犯意識の醸成などがあげられる。

更生保護においても、更生保護法1条に、その目的に「犯罪予防の活動の促進」を掲げ、同2条においては、民間や個人の活動を促進するとしている。

また、保護司法1条の保護司の使命には、犯罪の予防のため世論の啓発に努めるとある。

こうした更生保護における犯罪予防活動は、①世論の啓発、②社会環境の改善、③犯罪の予防を目的とする地域住民の活動の促進という三つからなる（更生保護法29条2）。

具体的な内容は、次のとおりである。

① 世論の啓発

メディアを通じて犯罪の予防や更生保護制度への理解を求める広報をする。

地域住民を対象として非行防止や薬物乱用防止等の座談会や講演会を開催

する。

　保護観察事件事例等を題材とした研究会を開き、地域住民と意見交換する。

② 　社会環境の改善

　青少年の非行を誘発する有害な出版物や享楽的な施設の排除に努める。

　青少年の健全育成を図り、非行を防止する観点から、健全なレクリエーションの組織化、青少年が参画できる地域活動の場づくりや機会の提供等をおこなう。

　犯罪をした者等の社会復帰を促進するための就労・就学機会の確保のための活動をおこなう。

③ 　地域住民の活動の促進

　更生保護に協力するボランティアの活動を支援する。

　PTA や町内会等地域住民の活動の促進として、地域住民が自発的におこなう犯罪予防活動に協力、支援する。

2）「社会を明るくする運動」

　「すべての国民が、犯罪や非行の防止と罪を犯した人たちの更生について理解を深め、それぞれの立場において力を合わせ、犯罪のない地域社会を築こう」とする全国的な運動。法務省の主唱により、毎年7月を強調月間として実施される。

　1949（昭和24）年7月に、東京銀座の商店街有志が、犯罪者予防更生法の趣旨に賛同して「犯罪者予防更生法実施記念フェアー（銀座フェアー）」を開催したことに運動のはじまりがあるとされる。翌50年の「矯正保護キャンペーン」を経て、1951（昭和26）年7月、法務府（現在の法務省）主唱のもとに「社会を明るくする運動」が開始された。

　第60回からは運動の趣旨を分かりやすくするために名称が改称され、「"社会を明るくする運動"～犯罪や非行を防止し、立ち直りを支える地域のチカ

ラ～」となった。

　毎年、「更生保護の日」である７月１日からの１か月を強調月間として、全国各地で、街頭キャンペーンや講演会開催などの広報・啓発イベントが実施されている。

　この運動は、2017（平成29）年で67回目を迎え、その重点事項として、犯罪や非行をした人を社会から排除・孤立させるのではなく、再び受け入れることが自然にできる社会にするため、①出所者等の事情を理解した上で雇用する企業の数を増やすこと、②帰るべき場所がないまま、刑務所から社会に戻る人の数を減らすこと、③薬物依存からの回復と社会復帰を長期的に支える地域の環境を作ること、④犯罪をした高齢者・障害者等が、社会復帰に必要な支援を受けられる環境を作ること、が設定された。

更生保護における犯罪予防活動の内容と特徴

・犯罪や非行に陥った人の社会復帰について地域住民に理解と協力を求める　　民　間　主　体

・犯罪や非行を生みにくい地域社会づくり　　地域社会への働きかけ

第11章

医療観察制度

> 医療観察制度とはどのような制度か
> 医療観察は、どのような者を対象としているか
> 医療観察は、どのようにおこなわれるか
> 社会復帰調整官にはどのような役割があるか

1）医療観察制度の概要

「医療観察制度」は、心神喪失等の状態で重大な他害行為をおこなった者の社会復帰を促進することを目的として新たに創設された処遇制度である。保護観察所は、当初の審判時から、退院後の生活環境の調整、地域社会における精神保健観察まで、一貫して関わる立場にある。

(1) 医療観察法の成立

「心神喪失等の状態で重大な他害行為を行った者の医療及び観察等に関する法律（略称 医療観察法）」は、2003（平成15）年7月に成立し、交付から2年後の2005（平成17）年7月に施行された。

(2) 医療観察制度の目的

医療観察法はその1条1項において、心神喪失または心神耗弱の状態で殺人、放火等の重大な他害行為をおこなった者に対し、①その適切な処遇を決定するための手続を定めることにより、②継続的かつ適切な医療並びに③その確保のために必要な観察及び指導をおこなうことによって、その病状の改善及びこれに伴う同様の行為の再発の防止を図り、もってその社会復帰を

促進することを目的としている。

　また、この法律による処遇に携わる者は、こうした目的を踏まえ、心神喪失等の状態で重大な他害行為を行った者が円滑に社会復帰をすることができるように努めなければならないとされる（医療観察法1条2項）。

(3)　医療観察法の対象

　心神喪失または心神耗弱の状態で「重大な他害行為」をおこなった者。

　「重大な他害行為」とは、殺人、放火、強盗、強制性交等、強制わいせつ、傷害（軽微なものは対象とならないこともある）に当たる行為をいう（「重大犯罪」ではない点に注意）。

　医療観察制度の対象は、これらの重大な他害行為をおこない、

　・心神喪失者または心神耗弱者と認められて不起訴処分となった者

　・心神喪失を理由として無罪の裁判が確定した者

　・心神耗弱を理由として刑を減軽する旨の裁判が確定した者（実刑は除く）

である。原則として未成年者は対象にはならない。

刑法39条　心神喪失者の行為は、罰しない。
　　　　2　心神耗弱者の行為は、その刑を減軽する。

　精神の障害のために善悪の区別がつかないなど、通常の刑事責任が問えない状態のうち、まったく責任を問えない場合を心神喪失、限定的な責任を問える場合を心神耗弱と呼ぶ。

---

(4)　「地方裁判所」における審判

　まず、検察官から地方裁判所に、適切な処遇の決定を求める申立てがなされる。申立てを受けた裁判所では、裁判官と精神科医（精神保健審判員）それぞれ1名から成る合議体を構成し、審判をおこなう。

　審判の過程では、合議体の精神科医とは別の精神科医による鑑定が行われる。必要に応じ、保護観察所による「生活環境の調査」が行われる。

生活環境とは、居住地や家族の状況、利用可能な精神保健福祉サービスなどその者を取り巻く環境をいう。2016（平成28）年における生活環境の調査の開始件数は、351件であった（保護統計年報による）。

また、必要に応じ、精神保健福祉士などの精神保健福祉の専門家（精神保健参与員）の意見を聴く（医療観察法15条、36条関係）。

裁判所では、鑑定結果を基礎とし、生活環境を考慮して医療の必要性（入院決定、通院決定、不処遇決定）について判断する。

医療観察制度の処遇の流れ（1）　審判前〜審判

```
┌──────────────┐
│  重大な他害行為  │
└──────────────┘
      │
┌──────────┐  ┌────────┐
│  検察官   │→│ 不起訴 │
└──────────┘  └────────┘
      │
┌──────────┐  ┌────────┐        検察官による申立て → 地方裁判所における審判（裁判官と精神科医の合議）
│  裁判官   │→│ 無罪等 │
└──────────┘  └────────┘

        入院決定 → 入院 → 6か月ごとに裁判所が入院継続の確認

        通院決定 → 通院 → 精神保健観察の実施

┌──────────────────────┐
│  鑑定医による鑑定       │
│  鑑定のための入院       │
│  生活環境の調査         │
└──────────────────────┘

        不処遇決定 → 一般の精神保健福祉

補足
本制度によって入院している場合以外は、精神保健福祉法と本制度は並立する。
```

注　厚生労働省の資料をもとに作成。

(5)　指定医療機関

本制度における医療は、厚生労働大臣が指定する指定入院医療機関または指定通院医療機関で行われる（両者を併せて「指定医療機関」と呼ぶ）。

「指定入院医療機関」は、国、都道府県または特定（地方）独立行政法人が開設する病院のうちから指定され、対象となる者の症状の段階に応じ、人的・物的資源を集中的に投入し、専門的で手厚い医療を提供することとして

いる（医療観察法16条1項）。

指定入院医療機関における病床の整備状況は、国関係487床、都道府県関係338床（計825床）である（2017（平成29）年7月1日現在）（厚生労働省の心神喪失者等医療観察法のサイトによる）。

入院決定がなされた場合、地方厚生局（厚生労働省）が入院先を決め、本制度による入院医療が開始される。入院期間は、標準で18か月程度とされている。入院中に、指定入院医療機関または本人等からの申立てにより、入院による医療の必要性がないと認められたときは、裁判所により直ちに退院が許可される。入院を継続する場合にも、少なくとも6か月に1回はその要否について裁判所が判断する。

退院決定または通院決定を受けた者については「指定通院医療機関」において、必要な医療を受けることになる。指定通院医療機関の指定は、厚生労働省令で定める基準に適合する病院若しくは診療所または薬局について、その開設者の同意を得て、厚生労働大臣が行う（同法16条2項）。

(6)　保護観察所の役割

保護観察所は、検察官の申立てによる当初の審判時から、地域社会における処遇の終了時まで一貫して関与する立場にある。

医療観察制度における処遇には、医療機関のほか、精神保健福祉センター、保健所など精神保健福祉関係の多くの機関が関わっている。保護観察所は、こうした関係機関の連携が十分に確保されるよう処遇のコーディネーター役も果たしている。

具体的には、保護観察所は、

・審判において、裁判所から「生活環境の調査」が求められた場合に、これをおこなう。

・対象者の円滑な社会復帰を図るため、入院当初から、退院に向けた「生活環境の調整」をおこなう。

・関係機関と協議の上、地域社会における処遇の具体的内容を定める「処

80

遇の実施計画」を作成する。
・地域での医療や援助に携わるスタッフによる「ケア会議」を随時開催する。
・本人と面談したり関係機関から報告を受けるなどして、生活状況等を見守り、地域において継続的な医療とケアを確保していく（精神保健観察）。

　これらの業務を実施するため、保護観察所には、精神保健や精神障害者福祉等の専門家である「社会復帰調整官」が配置されている（社会復帰調整官については、3）参照）。

(7)　指定入院医療機関からの退院

　入院当初から、退院に向けた取組を継続的におこなう。

　具体的には、保護観察所が、指定入院医療機関や地元の都道府県・市町村などの関係機関と連携して「生活環境の調整」注)を行い、退院地の選定・確保や、そこでの処遇実施体制の整備を進める（医療観察法101条）。2016（平成28）年における生活環境の調整の開始件数は243件であり、同年末現在の係属件数は725件であった（保護統計年報による）。

　対象者の社会復帰の促進のためには、退院後の医療確保はもとより、必要な生活支援をおこなうことも重要となる。そのため、精神保健福祉センターや保健所などの専門機関を通じ、その地域における精神保健福祉サービス等の現況も確認しつつ、具体的な援助の内容について検討することになる。

　調整の過程では、退院先の社会復帰調整官が、定期的または必要に応じて指定入院医療機関を訪問し、本人から調整に関する希望を聴取したり、指定入院医療機関のスタッフと調整方針などについて協議したりする。

　また、入院中における外泊等の機会を利用して、本人と退院後の処遇に携わる関係機関のスタッフとが面談する機会を設けるなど、地域社会における処遇への円滑な移行に配慮することとしている。

　注　「生活環境の調整」には、矯正施設収容者に対するもの（更生保護法82条）と保護

観察付執行猶予者（裁判確定前）に対するもの（同法83条）があるが目的等が異なる（収容者に対する生活環境の調整等については、4章5）参照）。

2）地域社会における処遇

地域社会においては、指定通院医療機関が本制度の「入院によらない医療（通院医療)」を担当し、必要となる専門的な医療を提供する。

対象となる者の病状の改善と社会復帰の促進を図るために、必要な医療の継続を確保することが重要となる。

本制度では、継続的な医療を確保するため、保護観察所の「社会復帰調整官」が、必要な医療を受けているかどうかや本人の生活状況を見守り、必要な指導や助言をおこなう（医療観察法106条による「精神保健観察」）。

医療観察法106条（精神保健観察）
2　精神保健観察は、次に掲げる方法によって実施する。
一　精神保健観察に付されている者と適当な接触を保ち、指定通院医療機関の管理者並びに都道府県知事及び市町村長から報告を求めるなどして、当該決定を受けた者が必要な医療を受けているか否か及びその生活の状況を見守ること。
二　継続的な医療を受けさせるために必要な指導その他の措置を講ずること。

⑴　処遇の実施計画とケア会議

ア．処遇の実施計画

対象者の社会生活には、精神保健福祉サービス等の援助が重要であることから、保護観察所では、関係する機関と協議して、対象者の「処遇の実施計画」を作成する。

「処遇の実施計画」には、対象者の病状や生活環境に応じて、必要となる医療、精神保健観察、援助の内容等が記載される。

具体的には、「通院医療」については、治療の方針、必要とされる通院の頻度や訪問看護の予定など、「精神保健観察」については、その目標や内

医療観察制度の処遇の流れ（2）審判～処遇の終了

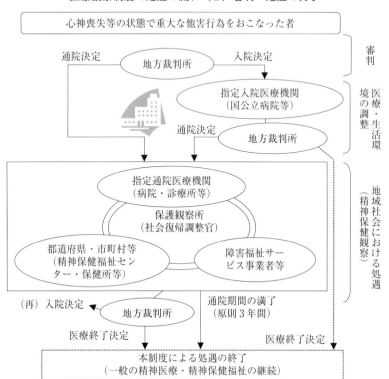

注　法務省のサイトを参考に作成。

容、本人との接触方法（訪問予定等）など、「援助」については、利用する精神保健福祉サービスの内容や方法などが記載事項とされる。

　さらに、病状の変化などにより緊急に医療が必要となった場合の対応方針や担当者の連絡先（クライシスプラン）、ケア会議の開催予定なども盛り込まれる。

イ．ケア会議

　地域社会における処遇を進める過程で、保護観察所主催により、指定通院

医療機関、精神保健福祉センター、保健所、市区町村の各担当者による「ケア会議」がおこなわれる。

ケア会議を通じ、関係機関相互間において、処遇を実施する上で必要となる情報を共有するとともに、処遇方針の統一を図る。

具体的には、処遇の実施計画を作成するための協議をおこなうほか、その後の各関係機関による処遇の実施状況や、本人の生活状況等の必要な情報を共有し、実施計画の評価や見直しについての検討をおこなう。

また、保護観察所が裁判所に対しておこなう各種申立て（本制度による処遇の終了、通院期間の延長、入院）の必要性についての検討や、病状の変化等に伴う対応（精神保健福祉法に基づく入院を含む）などについても検討される。

ケア会議には、対象者本人やその家族等も協議に加わることがある。

(2) 精神保健観察の実施状況

精神保健観察の開始人員（移送を除く）および観察中人員の推移は、下図のとおりである。

2016（平成28）年における精神保健観察の開始件数は、239件である。そのうち退院許可決定によるものが204件であり通院決定が35件である。また、同年末の継続件数は686件である。

精神保健観察の開始人員および観察中人員

注　保護統計年報による。

84

⑶　地域社会における処遇の終了

　本制度による地域社会における処遇を受けている期間（通院期間）は、裁判所において退院決定または通院決定を受けた日から、原則３年間とされる（医療観察法44条）。ただし、保護観察所または対象者本人等からの申立てに応じ、裁判所において処遇終了決定がなされた場合には、その期間内であっても本制度による処遇は終了する。

　一方で、３年を経過する時点で、なお本制度による処遇が必要と認められる場合には、裁判所の決定により、通じて２年を超えない範囲で、通院期間を延長することができる。

　また、入院医療を受けさせる必要があると認められる場合や、守るべき事項（下記参照）を守らないため、継続的な医療をおこなうことが確保できない場合は、保護観察所の長により、（再）入院の申立てがおこなわれる。期間満了を除く医療の終了や指定入院医療機関への（再）入院についても裁判所が審判により決定する。

　2016（平成28）年の終結状況によると、期間満了が128件、医療終了決定が76件、（再）入院決定が７件であった（保護統計年報による）。

　継続的な医療を確保するために、医療観察法107条には、精神保健観察中の人が「守るべき事項」が規定されている。

医療観察法107条（守るべき事項）　精神保健観察に付された者は、速やかに、その居住地を管轄する保護観察所の長に当該居住地を届け出るほか、次に掲げる事項を守らなければならない。
　一　一定の住居に居住すること。
　二　住居を移転し、又は長期の旅行注)をするときは、あらかじめ、保護観察所の長に届け出ること。
　三　保護観察所の長から出頭又は面接を求められたときは、これに応ずること。

　注　２週間以上のものをいう。

3）社会復帰調整官

　本制度による処遇に従事する専門スタッフとして、全国の保護観察所に、「社会復帰調整官」が配置された（平成28年度の人数は211人）。

　社会復帰調整官は、精神障害者の保健や福祉に関する専門的知識に基づき、生活環境の調査、生活環境の調整、精神保健観察の実施、関係機関相互間の連携の確保に関する事務に従事する（医療観察法19条、20条）。

　社会復帰調整官は、一般職の国家公務員であり、応募の要件として、以下があげられている（法務省のサイト「平成29年度社会復帰調整官の採用案内」より）。

① 　医療観察制度の対象となる精神障害者の円滑な社会復帰に関心と熱意を有すること。

② 　ア 　精神保健福祉士の資格を有すること、又は

　　　イ 　精神障害者の保健及び福祉に関する高い専門的知識を有し、かつ、社会福祉士、保健師、看護師、作業療法士若しくは臨床心理士の資格を有すること。

③ 　精神保健福祉に関する業務において 8 年以上の実務経験を有すること。

④ 　大学卒業以上の学歴を有すること、又は大学を卒業した者と同等と認められる資格を有すること。

第12章

関係機関・団体との連携

> 更生保護の関係機関にはどのような組織・団体があるか
> 更生保護と関係機関とはどのような関連があるか

　犯罪や非行の発生要因は多様であり、処遇の多様化が必要であることや、社会復帰には長期間の関わりが必要であることなどから、支援に関連する組織や団体が連携を取りながら対応する必要がある（多機関連携の必要性）。

　以下、更生保護と関係する機関や組織の概要についてみていく。

1）児童相談所

　児童福祉法12条に基づき、各都道府県に設けられた児童福祉の専門機関である。児童（0歳～18歳未満）およびその家庭に関する問題についての相談、調査、判定、指導、児童の一時保護などをおこなっている。

　相談の種類は、養護相談（養育困難、被虐待児など）、保健相談（未熟児、虚弱児など）、心身障害相談（障害児、発達障害など）、非行相談（家出、性的な逸脱、触法行為など）、育成相談（性格や行動、不登校など）であり、非行相談は、相談全体の4～5％である。ほとんどの場合、児童福祉法上の措置[注]がとられ、一部、家庭裁判所での審判や保護処分が必要であると判断した場合は、事案を家庭裁判所に送る。

　注　児童福祉法が児童またはその保護者に対して予定している措置として、訓戒、誓約
　　　書提出、児童福祉司・児童委員等による指導、児童家庭支援センターへの指導委託、
　　　里親・保護受託者への委託、児童養護施設・児童自立支援施設等への入所などがある
　　　（児童福祉法26条、27条）。こうした措置の一つとして家庭裁判所送致がある。

2）家庭裁判所

家事部と少年部に分かれる。家事部は、離婚、相続、家庭内トラブルなどを扱い、少年部では少年の犯罪等を扱う。

家庭裁判所が少年事件を受理して、調査・審判を行い、終局決定をおこなうまでのプロセスを保護手続という。

少年法の扱いでは、「非行少年」として、犯罪少年、触法少年、ぐ犯少年の3種類がある（1章4）(2)参照）。

⑴　家庭裁判所送致までの手続（下図参照）

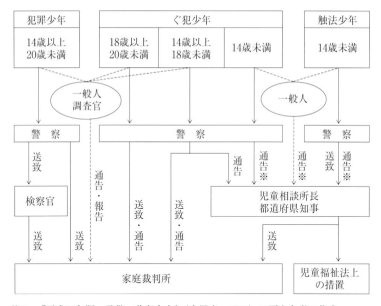

注1　『平成28年版　子供・若者白書』（内閣府、2016）97頁を参考に作成。
　2　※は、保護者がないか、または保護者に監護させることが不適当な者に限る。

ア．犯罪少年の場合

　警察等は、犯罪少年を検挙した場合、交通反則通告制度に基づく反則金の納付があった道路交通法違反を除き、罰金以下の刑に当たる犯罪の被疑事件は家庭裁判所に送致し、それ以外の刑に当たる犯罪の被疑事件は検察官に送致する。

　検察官は、捜査を遂げた結果、犯罪の嫌疑があると認めるとき、または家庭裁判所の審判に付すべき事由があると認めるときは、事件を家庭裁判所に送致する。

イ．触法少年及び14歳未満のぐ犯少年の場合

　児童福祉法上の措置が優先される。

　警察官は、触法少年であると疑うに足りる相当の理由のある者を発見した場合に事件の調査をすることができ、その結果、少年の行為が一定の重大な罪に係る刑罰法令に触れるものであると思われる場合等には、事件を児童相談所長に送致しなければならない。

　都道府県知事または児童相談所長は、送致を受けた少年について、一定の重大な罪に係る刑罰法令に触れる行為を行った触法少年については、原則として、家庭裁判所に送致しなければならない。そのほか、家庭裁判所の審判に付することが適当であると認めた場合には、家庭裁判所に送致する。

　家庭裁判所は、都道府県知事または児童相談所から送致を受けたときに限り、触法少年および14歳未満のぐ犯少年を審判に付することができる。

少年法18条（児童福祉法の措置）　家庭裁判所は、調査の結果、児童福祉法の規定による措置を相当と認めるときは、決定をもって、事件を権限を有する都道府県知事又は児童相談所に送致しなければならない。

　補足　都道府県知事送致とあるが、実態は、児童相談所への送致であり、実務上、児童相談所長送致決定とされる。

ウ．14歳以上のぐ犯少年の場合

14歳以上のぐ犯少年を発見した者は、これを家庭裁判所に通告しなければならない。ただし、警察官または保護者は、ぐ犯少年が18歳未満であり、かつ、家庭裁判所に送致・通告するよりも、まず児童福祉法による措置に委ねるのが適当であると認めるときは、児童相談所に通告することができる。

> 補足　児童相談所への「通告」は、ある事柄を告げ知らせて職権発動を促す行為を指し、「送致」は、当該事件を児童相談所に当然に係属させ、その権限行為に委ねる行為を指す。

(2)　家庭裁判所における手続

家庭裁判所では、少年の生育歴や生活環境などを調査し、少年の処遇を決定する。この調査は、「家庭裁判所調査官」が行い、必要がある場合には、中間的処遇としての「試験観察」が行われる。

試験観察では、少年を最終的に保護処分にするかどうか、保護処分にするとしてもどのような種類の処分にするかを決めるために、しばらく様子を見る。

また、少年鑑別所に少年を収容して少年の資質や非行要因などを調べる「観護措置」がとられる場合がある（収容審判鑑別）。

家庭裁判所は、調査の結果、審判に付す必要がないと判断すれば、「審判不開始」として事件を終局させ

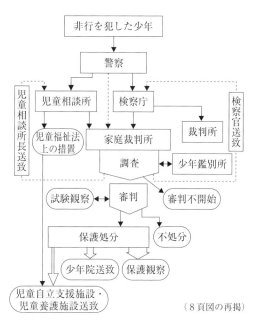

（8頁図の再掲）

90

　る。

　審判の結果、保護処分が必要ないと裁判官が判断した場合は「不処分」と
なる。

　一方、審判で保護処分決定が言い渡される場合には、「保護観察」、「児童
自立支援施設・児童養護施設送致」、「少年院送致」のいずれかが選択され
る。

　2016（平成28）年における家庭裁判所の終局処理人員は、7万1,688人であ
り、審判不開始が45.5％、不処分が21.2％、保護処分が26.8％、検察官送致
が6.3％である（下図参照）。

　保護処分総数19,227人の内訳をみると、保護観察が84.8％、少年院送致
14.3％、児童自立支援施設等送致0.9％である。

家庭裁判所の終局処理人員（2016（平成28）年）

知事・児童相談所長
送致149、0.2％

審判不開始
32,607、
45.5％

保護処分
19,227、
26.8％

保護観察処分
16,304、
22.8％

少年院送致
2,743、3.3％

不処分
15,223、
21.2％

児童自立支援施設・
児童養護施設送致
180、0.3％

検察官送致
4,505、6.3％

　注　平成29年版犯罪白書による。

3）少年鑑別所

　少年鑑別所は、① 家庭裁判所などからの求めに応じ、鑑別対象者の鑑別
を行うこと（鑑別）、② 家庭裁判所の観護措置の決定によって少年鑑別所に

収容される少年などに対し、処遇を行うこと（観護処遇）、③ 地域社会における非行および犯罪の防止に関する援助を行うこと（地域援助）を業務とする法務省所管の施設である。2017（平成29）年４月１日現在、全国に52庁（分庁１庁を含む）ある。

　鑑別は、医学、心理学、教育学、社会学などの専門的知識に基づいて行われ、鑑別結果は審判の資料となる。観護措置による収容期間は、通常最長４週間であるが、特に必要のある場合は、家庭裁判所の決定により延長されることがある（最長８週間まで）。

　2016（平成28）年における少年鑑別所入所者の人員は、男子7,397人、女子659人（総数8,056人）である。近年、減少傾向が続いている。

　少年鑑別所は、保護観察所の依頼により、交通短期保護観察者などの保護観察対象者に対する処遇鑑別もおこなっている。2016（平成28）年における地方更生保護委員会または保護観察所からの依頼による処遇鑑別の受付人員は、4,324人であった。

４）少年院

　家庭裁判所の審判により保護処分として少年院送致の決定を受けた少年を収容して矯正教育を実施する施設であり、2017（平成29）年４月１日現在、全国に52庁（分院６庁を含む）ある。

⑴　少年院の種類

　少年院は、次の４種類があり、それぞれ、入院時の少年の年齢、犯罪的傾向の程度および心身の状況等に応じて、以下の者を収容している[注]。

①　第１種：保護処分の執行を受ける者であって、心身に著しい障害がないおおむね12歳以上23歳未満のもの（②に定める者を除く）

②　第２種：保護処分の執行を受ける者であって、心身に著しい障害がない犯罪的傾向が進んだ、おおむね16歳以上23歳未満のもの

③　第３種：保護処分の執行を受ける者であって、心身に著しい障害があ

るおおむね12歳以上26歳未満のもの
④　第４種：少年院において刑の執行を受ける者
注　従来、少年院は、初等少年院、中等少年院、特別少年院および医療少年院の４種類に分けられていたが、2015年６月１日に新たな少年院法が施行され、少年院の種類が整理された（少年院法４条）。

(2)　少年院の処遇状況
　少年院送致となった少年は、いずれかの種類の少年院に収容され、原則として20歳に達するまで、矯正教育を受ける（少年院送致決定時に少年が19歳を超えている場合には、決定のあった日から起算して１年間）。少年院に入院した少年の年齢層別人員の推移は、下図のとおりである。

少年院入院者の人員

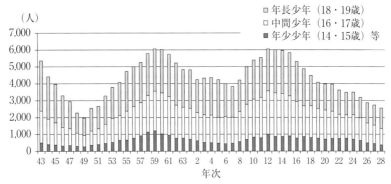

注１　少年矯正統計による。
　２　年少少年等には若干名の13歳の少年を含む。

　少年院では、規律ある生活のもと、少年の特性や教育上の必要性に応じて、生活指導、職業補導、教科教育、保健・体育および特別活動などの教育活動がおこなわれている。
　少年院の在院者は、地方更生保護委員会の決定により、仮退院が許された場合は、出院した後、退院までの期間、保護観察に付される（仮退院につい

ては、4章3）参照）。

　また、少年院の長は、保護観察所との連携の下、在院者の円滑な社会復帰を図るため、出院後に自立した生活を営む上での困難を有する在院者に対しては、その意向を尊重しつつ、帰住先の確保や修学・就業を支援する等の社会復帰支援を実施することとされる（少年院法44条）。

　その他、更生保護とのかかわりとして、更生緊急保護の制度および申出の手続についての教示（更生緊急保護の対象となる者の釈放時）がある。

5）検察庁

　検察庁は、各裁判所に対応して置かれ、検察官、検察事務官などが執務している。検察官は、刑事事件について捜査した上、起訴するか、不起訴にするかを決定する。また、公判請求した事件の裁判に立ち会い、裁判所に証拠調べを請求したり、証人尋問をおこなったりして被告人（起訴された者）が犯罪をおこなったことを証明する。証拠調べの終了後は、被告人に科すべき刑罰について意見を述べる。

　更生保護と検察庁とのかかわりとして、以下がある。

・更生緊急保護の制度および申出の手続についての教示（更生緊急保護の対象となる者の釈放時）
・執行猶予の取消に際しての「刑の執行猶予の取消請求」
　　保護観察所の長
　　　↓（刑の執行猶予の取消しの申し出）
　　検察官
　　　↓（刑の執行猶予の取消請求）
　　地方裁判所

6）裁判所

　裁判所が扱う事件には、民事事件、刑事事件、少年事件、家事事件、医療

観察事件などがある。

更生保護とのかかわりとして、以下がある。

・家庭裁判所による処遇勧告

・特別遵守事項についての意見伝達

・保護観察付執行猶予者における（裁判所に意見を聴いた）特別遵守事項
　の設定

7）刑務所

　刑務所、少年刑務所および拘置所は、総称して「刑事施設」と呼ばれ、その数は、刑務所62、少年刑務所 6、拘置所 8、刑務支所 8、拘置支所104である（2017（平成29）年 4 月 1 日現在）。

　このうち、刑務所および少年刑務所は、主として受刑者を収容し、処遇をおこなう施設であり、拘置所は、主として刑事裁判が確定していない未決拘禁者を収容する施設である。これらの刑事施設は、法務省が所管している（内部部局として矯正局があり、全国 8 か所に地方支分部局である矯正管区が置かれている）。

　なお、2005（平成17）年に、それまでの「監獄法」にかわるものとして、「刑事収容施設及び被収容者等の処遇に関する法律（通称、刑事収容施設法）」が制定された。この法律により、被収容者の権利義務が明確化され、新しい処遇制度が開始された。

　更生保護と刑務所とのかかわりとして、以下がある。

・生活環境の調整（刑事施設から身上調査書の送付）

・仮釈放審理（仮釈放等を許すべき旨の申出）

・施設駐在官制度（仮釈放準備のため、地方更生保護委員会の保護観察官が
　全国10庁の大規模な刑務所に駐在）

・特別調整（13章 2）⑵参照）

・更生緊急保護の制度および申出の手続についての教示（更生緊急保護の

対象となる者の釈放時）

8）婦人補導院

　婦人補導院は、売春防止法17条に基づく補導処分がなされた満20歳以上の女子を収容し、これを更生させるために補導をおこなう施設であり、法務省の設置する矯正施設の一つである。

　現在は、八王子少年鑑別所に隣接する東京婦人補導院の一施設のみとなっている。

売春防止法
17条（補導処分）　第5条（勧誘等）の罪を犯した満20歳以上の女子に対して、同条の罪又は同条の罪と他の罪とに係る懲役又は禁錮につきその執行を猶予するときは、その者を補導処分に付することができる。
2　補導処分に付された者は、婦人補導院に収容し、その更生のために必要な補導を行う。
18条（補導処分の期間）　補導処分の期間は、6月とする。

9）その他

　犯罪者処遇においては、就労、福祉、保健・医療、法律扶助、教育などの多様な分野との協力や連携が求められる。

　具体的な関係先として、公共職業安定所（ハローワーク）、福祉事務所、医療機関、地方公共団体、日本司法支援センター（法テラス）、福祉施設、各種NPO法人、ダルク（薬物依存症のリハビリテーション施設）などがある。

第13章

更生保護の課題と展望

> 更生保護における近年の動きにはどのようなものがあるか
>
> 更生保護にはどのような課題があるか
>
> 今後の更生保護の展望・展開としてどのようなことがあげられるか

1）近年の動向（更生保護法成立まで）

更生保護法が成立する2007（平成19）年までの主な動きは、以下のとおりである。

① 覚せい剤事犯者に対する簡易尿検査の実施（2004年度〜）

覚せい剤取締法違反で受刑し仮釈放された者に対し、本人の自発的意志に基づき検査をおこなう。保護観察対象者の断薬に向けた自主的努力を支援するための処遇方法として実施され、実施日時は事前に対象者に伝えておく。2008年4月からは「簡易薬物検出検査」に名称変更された。

② 更生保護のあり方を考える有識者会議（2005年7月〜2006年6月）

保護観察中の者による重大事犯が相次ぎ（2004年から2005年）、保護観察制度に対する見直しの声が高まったことを受け、制度全般の検討・見直しをおこなうために設置された。最終報告「更生保護制度改革の提言—安全・安心の国づくり、地域づくりを目指して—」では、問題の所在として以下の指摘があった。

・更生保護の運用についての国民や地域社会の理解が不十分

・民間に依存した脆弱な保護観察実施体制

・指導監督・補導援護の両面で充分に機能していない保護観察

③　性犯罪者処遇プログラムの策定・実施（2006年度～）

　性犯罪に結び付くおそれのある認知のゆがみや自己統制力の不足といった自己の問題性について理解を深めさせ、再び性犯罪をしないようにするための具体的な方法を習得させる。処遇の中心となるコア・プログラムは、保護観察所において、保護観察官が直接実施する。

　その後、覚せい剤事犯者処遇プログラム、暴力防止プログラム、飲酒運転防止プログラムも導入された。

④　所在不明者対策（2006年度～）

　所在不明状態の保護観察対象者の対策として、仮釈放者の顔写真撮影、夜間、休日における連絡体制の整備、警察との連携の強化などの措置をとることとした。

⑤　刑務所出所者等総合的就労支援対策（2006年度～）

　事業者の不安を減らし、対象者の就労を確保するために、厚生労働省と連携し、「刑務所出所者等に対する総合的就労支援事業」が実施され、以下の就労支援策が開始された。

　　・身元保証システム：就労時の身元保証人が確保できない人について１年間身元保証をし、本人が雇用者に対して業務上の損害を与えた場合に、100万円を限度として損害に対する見舞金を支払う制度（現在の上限は累計で200万円）

　　・職場体験講習委託事業：採用前に職場に合った人材が確認できるようにするため、講習委託費として最大２万4,000円を支給する制度

　　・トライアル雇用事業：原則として３か月間の試行的雇用に対し、最大月額４万円の奨励金が雇用主に支払われる制度

　　・セミナー・事業所見学会

⑥　執行猶予者保護観察法の一部改正（2006年３月31日成立、同年９月19日施行）

届出制であった転居や旅行について、転居または7日以上の旅行については許可を受けることに改訂。特別遵守事項を設定できることに改訂。

⑦　しょく罪指導プログラム（2007年3月〜）

被害者を死亡させた事件および6月以上の傷害を負わせた事件。犯した罪の重さを認識し、被害者に対し誠実に対応するよう促す。

⑧　重点的保護観察対象者に対する保護観察の強化（2007年3月〜）

保護観察官の直接担当、指導監督の強化。

長期刑の仮釈放者、凶悪重大な事件を起こした少年等重点的に保護観察を実施すべき者のうち、生活状態または精神状態が著しく不安定になっている者など処遇に特段の配慮を要する者については、保護観察官が直接的関与を強めて指導監督・補導援護を実施する。

⑨　少年法の一部改正による、遵守事項を遵守しない場合の「警告」および「施設等送致申請等」の新設（2007年5月25日成立、同年11月1日施行）

⑩　更生保護法の成立（2007年6月8日成立、2008年6月1日施行）

「犯罪者予防更生法」と「執行猶予者保護観察法」を整理・統合。更生保護の機関の所掌事務を定め、仮釈放や保護観察について規定する更生保護の基幹法となる（更生保護法成立の経緯については、1章2）(4)参照）。

2）更生保護における最近の動きと展望

更生保護法が成立した2007（平成19）年の前後から、更生保護制度には、あらたな施策や取組が次々と導入された。刑務所出所者等総合的就労支援対策、各種処遇プログラムの導入、自立更生促進センターや就業支援センターの設立、地域生活定着支援事業の開始などである。さらに、社会貢献活動の導入や刑の一部の執行猶予制度の施行なども続き、更生保護制度や更生保護を取り巻く状況は大きく動いている。以下、これらをみていく。

なお、こうした動きに加え、2016（平成28）年12月、「再犯の防止等の推進に関する法律」（平成28年法律第104号）が制定され、再犯の防止等に関す

る国や地方公共団体の責務が明らかにされた。同法は、国に再犯防止の施策を総合的に推進することを義務づけており[注]、今後、「民間協力者の活動の促進」や「地方公共団体との連携強化」といった取組が一層進められることになる。

> 注　同法7条に基づいて策定された再犯防止推進計画は、① 就労・住居の確保等、② 保健医療・福祉サービスの利用の促進等、③ 学校等と連携した修学支援の実施等、④ 犯罪をした者等の特性に応じた効果的な指導の実施等、⑤ 民間協力者の活動の促進等、広報・啓発活動の推進等、⑥ 地方公共団体との連携強化等、⑦ 関係機関の人的・物的体制の整備等の7つを重点課題としている。

(1)　自立更生促進センター構想

親族のもとや民間の更生保護施設では受入れが困難な刑務所出所者等を、保護観察所に整備した宿泊施設（国立の更生保護施設）で受け入れ、保護観察官による直接かつ濃密な指導監督と就労支援をおこなう。

入所者の特定の問題性に応じた重点的・専門的な社会内処遇を実施するものを「自立更生促進センター」と呼び、主として農業等の職業訓練をおこなうものを「就業支援センター」と呼ぶ。

沼田町就業支援センター（北海道沼田町）をはじめとして、茨城県ひたちなか市、北九州市、福島市の4か所に開設されている。

①　沼田町就業支援センター（2007年10月開設、定員 少年12人）

北海道雨竜郡沼田町にある旭川保護観察所沼田駐在官事務所に附設された少年の宿泊施設。

主として少年院仮退院少年が入所し、沼田町が運営する実習農場において、専門指導員による訓練を受けながら、実習期間（おおむね6か月～1年）を過ごす。農業実習の履修と並行して、それぞれの希望やスキルに応じて、北海道内での就農を中心に、退所後の就労・自立のための調整をおこなう。

②　茨城就業支援センター（2009年9月開設、定員 男子12人）

水戸保護観察所ひたちなか駐在官事務所に附設された宿泊施設。

刑務所仮釈放者や満期釈放者を中心に受け入れ、農業に関する職業訓練

（約 6 か月）をおこなう。訓練のプログラムは、公共職業訓練として、厚生労働省から茨城県内の農業者に委託されている。

③ 北九州自立更生促進センター（2009年 6 月開設、定員 男子14人）

国内初の自立更生促進センターとして、福岡県北九州市小倉北区の小倉港湾合同庁舎に開所される。食堂、浴室、教室、休憩室などが完備された施設。

保護観察官が24時間365日体制で常駐し、入所者に応じて、特定の犯罪的傾向を改善するためのプログラムをおこなったり、生活指導や他人とのコミュニケーションをスムーズにおこなう方法などについての指導を集中的に実施するなどして入所者の指導にあたる。入所期間は原則として 3 か月。

④ 福島自立更生促進センター（2010年 8 月開設、定員 男子20人）

福島保護観察所に附設し、保護観察官が24時間365日体制で常駐する。センターでの処遇として、再犯防止プログラムの実施、外部講師による園芸指導、しょく罪指導の実施、断酒会等自助グループとの連携、協力雇用主との連携による就労支援などがある。入所期間は原則として 3 か月。

なお、「福島自立更生促進センター運営連絡会議」が設置され、定期的に、入所者や運営状況などに関する報告がおこなわれている。

近年、同センターにおいて、ストレスの対処法を学び、犯罪を繰り返さない方法を学ぶことを内容とする「窃盗防止プログラム」が実施されている。

(2) 社会福祉関係機関との連携強化（司法と福祉の連携）

ア．地域生活定着促進事業

これまで、刑務所を出所しても、障害を有するために社会生活が送れず、再び刑務所に戻る人がいることを取り上げ、刑務所が福祉施設化しているのではないかとの指摘があった（参考 下関駅放火事件〔2006年 1 月 7 日〕）。さらに、厚生労働省の研究班によって、生活が成り立たずに軽微な犯罪を繰り返している受刑者や、出所後も福祉の支援を受けられないままに再犯を繰り返

している者の存在が明らかにされた。

そこで、2009（平成21）年、高齢者・障害者等の社会復帰・再犯防止施策として、厚生労働省により、「地域生活定着支援事業」（2012（平成24）年からは「地域生活定着促進事業」）が開始された。

この事業の一環として、高齢または障害を有するため福祉的な支援を必要とする矯正施設退所者について、退所後直ちに福祉サービス（障害者手帳の発給、社会福祉施設への入所など）につなげるための準備を、保護観察所と協働して進める「地域生活定着支援センター」が各都道府県に整備された。

これにより、保護観察所は、受刑中の高齢または障害により自立困難な人のうち、帰住先がないなどいくつかの要件を満たした人に対し、対応する都道府県の「地域生活定着支援センター」と協働し、矯正施設入所中の段階から福祉サービス等の利用支援をおこなうことなどにより、円滑な地域福祉への移行を図ることとなった。これを「特別調整」と呼ぶ。

特別調整の仕組み
（地域生活定着支援センターのコーディネート業務）

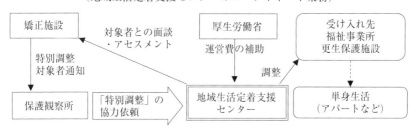

注　厚生労働省のサイトを参考に作成。

特別調整対象者の要件
　矯正施設に入所中であり、以下の要件のすべてを満たすもの。
① 高齢（おおむね65歳以上をいう。以下同じ。）であり、又は身体障害、知的障害若しくは精神障害があると認められること。

102

② 釈放後の住居がないこと。
③ 高齢又は身体障害、知的障害若しくは精神障害により、釈放された後に健全な生活態度を保持し自立した生活を営む上で、公共の衛生福祉に関する機関その他の機関による福祉サービス等を受けることが必要であると認められること。
④ 円滑な社会復帰のために、特別調整の対象とすることが相当であると認められること。
⑤ 特別調整の対象者となることを希望していること。
⑥ 特別調整を実施するために必要な範囲内で、公共の衛生福祉に関する機関その他の機関に、保護観察所の長が個人情報を提供することについて同意していること。
　　　　　（平成21年4月　法務省保観244号 法務省矯正局長・保護局長通達）

イ．指定更生保護施設への福祉職（社会福祉士等）の配置

　2009（平成21）年度から、矯正施設に収容されている高齢者や障害を抱える者を対象に特別調整が開始され、高齢者などの受け入れを進めるため、全国57の更生保護施設に専門の福祉職員が配置されることとなった。
　これらの施設は、社会福祉士等を配置した上で、各施設が高齢者や障害者を4人ずつ、3か月程度受け入れる。社会福祉士等は、引受先となる福祉施設との調整を進める一方で、出所者が社会生活になじめるよう訓練を施す。

(3)　緊急的住居確保・自立支援対策

　更生保護施設の収容能力に限界がある一方、その拡充は難しく、受入れ先の確保と多様化が課題となっている。そこで、保護観察対象者および更生緊急保護の対象となる者であって適当な住居の確保が困難な者について、更生保護施設以外の宿泊場所に宿泊させて措置を委託する施策が開始された（2011（平成23）年度）。こうした委託先を「自立準備ホーム」と呼ぶ。
　自立準備ホームでは、あらかじめ保護観察所に登録された社会福祉法人やNPO法人がそれぞれの特徴を生かして自立を促す。
　施設の形態はさまざまであり、集団生活をするところもあれば、一般のア

パートを利用する場合もある。いずれの場合も自立準備ホームの職員が、毎日、生活指導等をおこなうこととされる。民間団体等に宿泊場所と食事の提供、毎日の生活支援を委託した場合、日額約5,000円が支払われる。

2017（平成29）年4月1日現在、375事業者の登録があり、28年度の委託実人員は1,524人、延べ人員は9万6,447人であった。

(4) 就労先確保を目指した支援策の強化

2006（平成18）年度から実施されている「刑務所出所者等総合的就労支援対策」は一定の成果を上げているものの、就労先の確保や就労の継続は厳しい状況が続いている。また、保護観察終了時に無職の者の再犯率は、有職の者と比べ約4倍と高いことから、再犯防止のために就労支援や雇用の確保が重要とされる（数値は2008年～2012年の間の平均値。法務省保護局の資料による）。

そこで、2011（平成23）年度には、一部の保護観察所において、就労支援や雇用管理に経験のある民間団体に就労支援事業を委託する「更生保護就労支援モデル事業」が実施された。その後も「更生保護就労支援事業」として、就労支援員による就職活動支援や雇用基盤整備支援がおこなわれており、2017年度は20庁で実施されている。

また、最近は、公共工事等の競争入札における優遇制度が導入されたり、協力雇用主のもとでの職場定着を促進するために「刑務所出所者等就労奨励金制度」が設けられたりしている。

さらに、障害者のような就労機会を得にくい立場にある人々のための雇用機会の創出や仕事の提供に主眼を置いたビジネスを展開する企業や団体等（ソーシャル・ファーム）を活用した新たな就労先の確保策についても検討が進められている。

⑸　社会貢献活動の導入

社会貢献活動は、保護観察対象者が地域社会に貢献する活動をおこなうことを通じて自己有用感を高めたり規範意識を高めたりする目的で、福祉施設での介護補助活動や、公共の場所での環境美化活動などをおこなうものである。

2011（平成23）年度から試行されており、2015（平成27）年6月には、特別遵守事項の類型の一つ[注]として加えられた。

注　「善良な社会の一員としての意識の涵養および規範意識の向上に資する地域社会の利益の増進に寄与する社会的活動を一定の時間行うこと」（更生保護法51条2項）。（3章2）⑵参照）

⑹　刑の一部執行猶予制度の導入と薬物依存者への処遇強化

刑の一部執行猶予制度は、いわゆる初入者等を3年以下の懲役刑または禁錮刑に処する際に、1年以上5年以下の期間、その刑の一部の執行を猶予する制度である（この場合、保護観察に付すかどうかは裁判所の裁量）[注1]。

他方、覚せい剤の自己使用等の累犯者については、執行猶予の期間中、必ず保護観察に付されることとなり[注2]、いわば施設内処遇と社会内処遇をあらかじめ組み合わせた刑の言渡しがなされる。これにより、一定期間、施設内での処遇を実施した後、社会内において、執行猶予の取消による心理的な規制のもとに、薬物処遇プログラムなどの処遇が実施される。

例　懲役3年、うち1年につき3年間執行猶予（保護観察付き）の場合

刑の一部執行猶予に保護観察が付された場合、実刑部分から（猶予部分に相当する）保護観察に円滑に移行できるよう、保護観察所が生活環境の調整をおこなう。その際、地方更生保護委員会が、より積極的に関与する（更生保護法82条2項）ほか、猶予期間の開始の時までに、住居の調整の結果に基づき、居住すべき住居を特定することができる（更生保護法78条の2）。

猶予期間中の保護観察における特別遵守事項の設定、変更等については、猶予期間の開始前は地方更生保護委員会が決定し、開始後は保護観察所の長が決定する。保護観察中、遵守すべき事項を遵守しなかったときは、遵守事項違反を理由に刑の一部の執行猶予を取り消すことができる（裁量的取消）。

取り消されることなく猶予期間を経過したときは、猶予部分の刑の言渡しの効力は消え、（実刑部分の）刑を受け終わったことになる。

なお、実刑部分について、仮釈放が可能である（法定期間は、言渡し刑期の3分の1）。

例　懲役3年、うち1年につき3年間執行猶予（保護観察付き）の判決を受け、実刑部分において仮釈放を許された場合

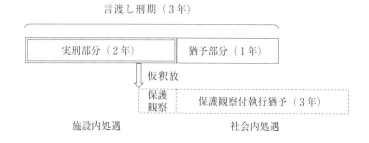

注1　刑法（平成25年6月改正）の以下の条文を参照。
　　27条の2第1項（刑の一部の執行猶予）　次に掲げる者が3年以下の懲役又は禁錮の言渡しを受けた場合において、犯情の軽重及び犯人の境遇その他の情状を考慮して、再び犯罪をすることを防ぐために必要であり、かつ、相当であると認められるときは、1年以上5年以下の期間、その刑の一部の執行を猶予することができる。
　　一　前に禁錮以上の刑に処せられたことがない者

二　前に禁錮以上の刑に処せられたことがあっても、その刑の全部の執行を猶予された者

　　三　前に禁錮以上の刑に処せられたことがあっても、その執行を終わった日又はその執行の免除を得た日から5年以内に禁錮以上の刑に処せられたことがない者

　27条の3第1項（刑の一部の執行猶予中の保護観察）　前条第1項の場合においては、猶予の期間中保護観察に付することができる。

注2　「薬物使用等の罪を犯した者に対する刑の一部の執行猶予に関する法律（平成25年6月19日法律第50号）」4条1項による。

　(7)　実効性のある体制作り

ア．保護司確保のための環境整備

　更生保護は、従来、保護司を中心にした地域社会に支えられていた面がある。しかし、都市化の進展などに伴い地域社会におけるつながりが薄れつつある。また、保護司の高齢化や、なり手の不足は深刻な課題である。

　対応策の一つとして、「更生保護サポートセンター」の設置・拡充がある。同センターは、地域における保護司活動の拠点として、公的な建物等に占有できる場所を確保して、2008（平成20）年度から設置が進められており、2017（平成29）年度には、約500か所で設置されている。同センターには保護司が駐在して更生保護活動をおこなっており、自宅以外の面接場所としての活用や研修の場としての利用が想定されている。

　また、保護司の物的損害（家屋や家財の損傷など）を補償する制度も創設された（2012（平成24）年）。

イ．保護観察官の増員と専門性の向上

　保護観察官の課題として、慢性的な人員不足があげられる。

　近年、徐々にではあるが保護観察官の増員が図られ、全国の保護観察所における保護観察官の定員は、2006（平成18）年度の650人から2016（平成28）年度の960人（管理職は除く）に増えている。しかし、保護観察官が直接的関与を強めて指導監督・補導援護をおこなう案件も増え、人手不足は解消されていない。

第13章　更生保護の課題と展望　　107

一方、保護観察官に対しては、専門性向上の要請もある。

もともと保護観察官のやり方は、裁量の幅が大きく、職人的な面もある。しかし、覚せい剤や性犯罪の専門的処遇プログラムの導入等、幅広い専門性を求められる場面が増加している。

社会内処遇の専門家として保護観察官に求められる専門性には、アセスメントと予測、リスク・マネジメント、支援といった側面がある[注]。さらに、専門知識以外にも幅広い知識とネットワークの確保が要請される。

たとえば、依存症の者や障害のある者に適した専門の病院や機関を紹介したり、就労や学業の面などにおいても「面倒をみてくれる地域の機関につなぐ」ための知識と情報を持っていることが望ましい。そのためのネットワークや人脈の重要性も高い。

こうした課題への対応策の一つとして、専門職採用試験の導入や、専門的職種経験者（児童福祉司、社会福祉士、精神保健福祉士等の有資格者資格、他の職場の勤務経験者）の採用（選考採用）が進められている。

注　2012（平成24）年4月に「日本更生保護学会」が発足した。社会内処遇における各種手法の効果測定や、根拠に基づく処遇の開発や種々の実践報告などの研究活動の場として、あるいは更生保護関係者の情報交換の場として有効に活用されることが期待される。2017年11月末現在の会員数は、保護観察官や保護司、研究者など約800名。機関誌として『更生保護学研究』を発刊。

補足　下記法務省保護局のサイトの「トピックス」に更生保護の最近の動向が掲載されている。
　　　　http://www.moj.go.jp/hogo1/soumu/hogo_index.html

【参考文献】

更生保護制度全般の解説書

　藤本哲也・生島　浩・辰野文理編著『よくわかる更生保護』ミネルヴァ書
　房（2016年）

関連する分野の文献

　刑事政策、刑事法、犯罪学、司法福祉に関する図書が数多く出版されてい
　る。これらには、「犯罪者の処遇」や「社会内処遇」と題する章が置か
　れ、更生保護の概説が設けられている。

社会福祉士の資格試験関係の出版物

　『社会福祉士国家試験過去問解説集』中央法規出版
　その他、社会福祉士養成用テキストが複数の出版社から発刊されている。

更生保護に関する専門雑誌

　『更生保護』日本更生保護協会、月刊
　─更生保護の新たな動きや施策の解説、事例報告などが掲載される。主
　　に、現場の保護観察官や保護司を対象とする。
　『更生保護学研究』日本更生保護学会、年2回発刊
　─更生保護に関する研究論文、年次大会の概要などが掲載される。

更生保護に関する統計資料

　犯罪白書（各年度版）
　─前年までの犯罪情勢や犯罪者処遇の実情が統計数値により紹介される。
　　毎年秋～冬の時期に刊行される。
　法務省のHP内＞白書・統計・研究＞白書＞犯罪白書

http://www.moj.go.jp/housouken/houso_hakusho2.html

保護統計年報

—地方更生保護委員会に関する統計と保護観察所に関する統計がある。各
年の受理状況、終了状況を中心とした統計表が掲載される。

法務省の HP 内＞白書・統計・研究＞統計＞法務省の統計 ＞【統計表一
覧】＞【保護統計統計表】

http://www.moj.go.jp/housei/toukei/toukei_ichiran_hogo.html

【資　料】

窃盗及び窃盗以外の刑法犯の認知件数の推移

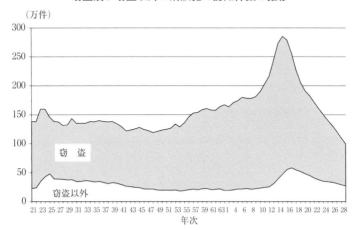

注1　『平成29年版犯罪白書』による。
　2　刑法犯は、刑法の罪及び危険運転致死傷等の罪をいう。

刑法犯の認知件数及び検挙人員の推移

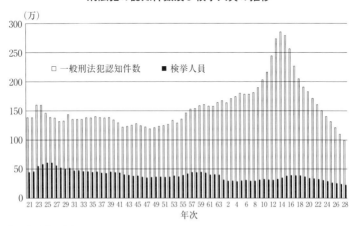

注　上記注に同じ。

資料 111

刑法犯の少年・成人別検挙人員及び少年比の推移

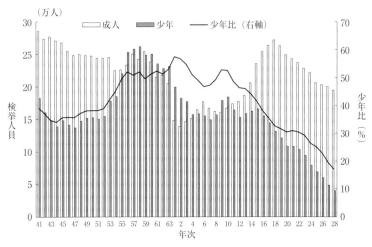

注　上記注に同じ。

少年刑法犯検挙人員および少年人口比の推移

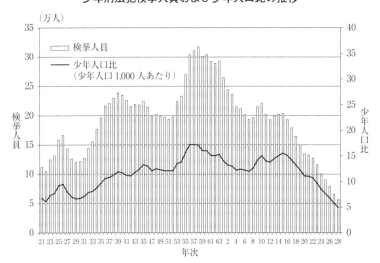

注　上記注に同じ。

【参　考】

社会福祉士国家試験「更生保護制度」

大項目	中項目	小項目（例示）
1　更生保護制度の概要	1）制度の概要	意義、歴史、更生保護法制
		刑事司法・少年司法と更生保護
		その他
	2）保護観察	目的、方法、対象、内容、運用状況
		その他
	3）生活環境の調整	目的、機能、手続き、関係機関との連携
		その他
	4）仮釈放等	仮釈放と仮退院、意義、許可基準、手続き
		その他
	5）更生緊急保護	目的、対象、期間、内容、手続き
		その他
2　更生保護制度の担い手	1）保護観察官	役割、任用と配属
		その他
	2）保護司	使命、役割、身分、組織
		その他
	3）更生保護施設	運営主体、役割
		その他
	4）民間協力者	更生保護女性会、BBS会、協力雇用主
		その他
3　更生保護制度における関係機関・団体との連携	1）刑事司法・少年司法関係機関との連携	裁判所、検察庁、矯正施設との連携
		その他
	2）就労支援機関・団体との連携	保護観察所、矯正施設、公共職業安定所、協力雇用主
		その他
	3）福祉機関・団体との連携	福祉事務所、児童相談所
		その他
	4）その他の民間団体との連携	日本司法支援センター（法テラス）、自助グループ、被害者支援団体
		その他
4　医療観察制度の概要	1）制度の概要	目的、導入の経緯、対象者、処遇の流れ、保護観察所の役割
		その他
	2）審判の手続きと処遇内容	精神保健審判員、精神保健参与員、生活環境の調査、生活環境の調整、精神保健観察
		その他
	3）社会復帰調整官	役割、任用と配属
		その他
	4）関係機関・団体との連携	
5　更生保護における近年の動向と課題	1）近年の動向と課題	刑務所出所者等総合的な就労支援対策、各種処遇プログラムの導入、高齢者・障害者等の社会復帰・再犯防止施策、更生保護のあり方を考える有識者会議等
		その他

注1　「公益財団法人社会福祉振興・試験センター」のサイト等を参考に作成。
　2　問題の選択肢が複数の項目に該当する場合、原則として正答の選択肢が該当する項目に分類した。

分野別出題一覧

試験回数、実施年月（表中の数字は問題番号）

22回	23回	24回	25回	26回	27回	28回	29回	30回
10年1月	11年1月	12年1月	13年1月	14年1月	15年1月	16年1月	17年1月	18年2月
	147		148				147	147+
		147	149					149
147		149	147	147	147	147		
	148							
148*								
149	149*						148	
		150*					149	148
			148		148	148		
				148		149		
						150	150	
		150						
150				149				
	150				149			150
			150	150+				

＊は事例問題、＋は5肢択2問題

索　引

あ　行

一般遵守事項……………………18
医療観察制度…………………76
医療観察法……………………76
引致……………………………43
SST……………………………57
応急の救護………………22, 53
恩赦……………………………1

か　行

改悛の状………………………27
家庭裁判所……………………87
仮釈放…………………………27
仮釈放等審理…………………29
仮退院…………………………33
観護措置…………………89, 90
協働……………………………15
協力雇用主……………………67
緊急的住居確保・自立支援対策
………………………………102
ぐ犯少年…………………6, 87
ケア会議………………………82
刑事施設………………………94

さ　行

刑事責任年齢…………………7
刑の一部執行猶予制度………104
刑務所…………………………94
刑務所出所者等総合的就労支援対策
………………………………97
検察庁…………………………93
更生緊急保護…………………49
更生保護サポートセンター……106
更生保護施設…………………54
更生保護女性会………………65
更生保護のあり方を考える有識者会
議………………………………3
更生保護法……………………3
更生保護法人…………………54
交通短期保護観察……………11

裁判所…………………………93
試験観察………………………89
自助の責任……………………17
執行猶予者保護観察法…………2
指定医療機関…………………78
指定更生保護施設……………58
指導監督………………………16

索引　115

児童相談所 ……………………… 86

社会貢献活動 ………………… 104

社会内処遇 ………………………… 1

社会復帰調整官 ………………… 85

社会を明るくする運動 ………… 74

重大な他害行為 ………………… 77

就労奨励金制度 ………………… 103

主任官 …………………………… 16

遵守事項 ………………………… 18

少年院 …………………………… 91

少年院からの仮退院 …………… 33

少年鑑別所 ……………………… 90

しょく罪指導プログラム ……… 98

触法少年 ……………………… 7, 88

自立更生促進センター ………… 99

自立準備ホーム ……………… 102

心情等伝達制度 ………………… 69

審判不開始 ……………………… 89

生活環境の調整（収容中の者）… 34

生活行動指針 …………………… 21

精神保健観察 …………………… 81

精神保健参与員 ………………… 78

精神保健審判員 ………………… 77

専門的処遇プログラム ………… 24

ソーシャル・ファーム ……… 103

た　行

多機関連携 ……………………… 86

ダルク …………………………… 95

段階別処遇 ……………………… 22

短期保護観察 …………………… 10

担当保護司 ……………………… 16

地域生活定着支援センター …… 101

地域生活定着促進事業 ………… 100

地方更生保護委員会 …………… 4

中央更生保護審査会 …………… 5

通告 ……………………………… 45

特別観察期間 …………………… 45

特別遵守事項 …………………… 19

特別調整 ……………………… 101

な　行

日本更生保護学会 …………… 107

人足寄場 ………………………… 2

は　行

犯罪者予防更生法 ……………… 2

犯罪被害者等基本計画 ………… 68

犯罪被害者等基本法 …………… 68

BBS会 ………………………… 66

被害者担当官 …………………… 72

被害者担当保護司 ……………… 72

被害者等通知制度 ················· 70

不処分 ······························ 90

婦人補導院 ························ 95

婦人補導院からの仮退院 ········· 34

不定期刑 ···························· 32

不良措置 ···························· 42

法定期間 ···························· 27

法テラス ···························· 95

法務省保護局 ······················ 4

保護カード ························· 53

保護観察官 ························· 60

保護観察所 ·························· 4

保護区 ····························· 62

保護司 ····························· 61

補導援護 ···························· 17

補導処分 ···························· 95

ま 行

守るべき事項（精神保健観察）····· 84

無期刑 ······························ 33

ら 行

良好措置 ···························· 42

類型別処遇 ························· 23

〈著者紹介〉
辰野 文理（たつの ぶんり）

1985 年　早稲田大学教育学部卒業
1990 年　筑波大学経営・政策科学研究科修了（経済学修士）
現　在　国士舘大学法学部教授

要説 更生保護〔第 3 版〕

2018 年 3 月 20 日　初版第 1 刷発行
2021 年 5 月 10 日　初版第 2 刷発行

| 著　者 | 辰　野　文　理 |
| 発 行 者 | 阿　部　成　一 |

〒162-0041　東京都新宿区早稲田鶴巻町 514 番地
発 行 所　株式会社　成 文 堂
電話 03(3203)9201(代)　Fax 03(3203)9206
http://www.seibundoh.co.jp

製版・印刷・製本　藤原印刷
©2018 Bunri Tatsuno　　Printed in Japan
乱丁・落丁本はお取り替えいたします。
ISBN978-4-7923-5239-4　C3032

定価(本体 1500 円＋税)